中小会社法入門

中小会社法入門

大野正道 著

信 山 社

はしがき

本書はいわゆる中小企業に関する入門書であり、講学上では、閉鎖的株式会社と有限会社とされている中小規模の会社について、会社法学の立場から解説をするものである。私は、最近では、定款で株式について譲渡制限が定められている株式会社と有限会社について、会社法学における法律上の定義として、非公開会社という用語を使用している。株式が証券取引所に上場されている上場株式会社や店頭登録銘柄になっている株式会社を公開会社とし、それ以外の会社を非公開会社として、区別して考察するためである。公開会社と非公開会社では、非公開会社の方がマイナス・イメージを与えかねないが、私としては、学術上の厳密性から、この非公開会社という用語を使用することとしている。

しかるに書名では何故「中小会社」という用語を使用しているかと言うと、私の属する大学院の授業科目が「中小会社法」となっているからである。筑波大学大学院ビジネス科学研究科（以前は経営・政策科学研究科の一部であった）企業法学専攻が平成二年に創設された時、その中心になった故竹内昭夫教授が、従来の「会社法」四単位を、「株式会社法」三単位と「中小会社法」二単位に分割して、「株式会社法」を竹内教授、「中小会社法」を私の担当とし、おそらく我が国の大学院・学部では唯一の試みである「公開会社法」と「非公開会社法」での分割講義を実現させたのである。「株式会社法」の講義担当者は、竹内昭夫教授、前田重行教授を経て平成一六年度から弥永真生教授に引き継がれているが、「中小会社法」の講義は私が一貫して担当している。その経緯から「中小会社法」の講義に本書を使用する点で「中小会社法入門」というネーミングが適当であると思われることと、恩師である竹内昭夫先生の意向に沿っている方が穏当ではないかと思ったことから、あえて「中小会社」と言う用語を使用した。したがって、本書の叙述においては「非公開会社」と言ったり「中小会社」と言ったりして統一がなされていない箇所があるが、学術上は、「非公開会社」として読み進めていただければ幸いである。総論で「非公開会社」の法律上の定義をしているので、その意味において「中小会社」の語を理解されることをお願いしたい。

私の「非公開会社」に関する研究は、大学院に残った昭和四七年（一九七二年）から始まる。修士論文は、「閉鎖会社における紛争の解決とその予防」と題するもので、昭和四八年一二月二四日に東京大学に提出され、翌年三月、無事修士課程を修了し法学修士の学位を得た。論文題目は壮大であったが、その内容はイギリスの小規模会社の準組合法理に関するものであった。この論文は、修士論文では省略した部分を加筆訂正して、当時の勤務校であった富山大学経済学部の紀要「富大経済論集」に昭和五五年から四回にわたって掲載した。その間に、立命館大学で開催された日本私法学会（昭和五八年）で個別報告を行うことができた。

昭和四九年四月から昭和五二年三月までの博士課程三年間は、「中小会社法」の応用分野として「企業承継法」に取り組んだが、西ドイツの有限会社法の研究も行うことができた。したがって、私の「非公開社会法」の基礎を形成しているのは、イギリスの私会社およびドイツの有限会社の研究である。アメリカの閉鎖会社法理については、浜田道代教授と青竹正一教授の研究成果があるので、あえて発表する段階まで深入りしなかった。しかし、英米法といっても、イギリスの私会社制度とアメリカの閉鎖会社法理では大きな差異があり、そのポイントは定款の効力の差異にあることは十分に理解できた。

本書は、会社法の全般にわたり「非公開会社」の解説を行うものではない。非公開会社であっても株式会社や有限会社として既に体系書で解説されている部分も少なくない。そこで私としては、三つの点を中心にして叙述を進めることとした。第一は「準組合法理」を解説する総論部分、第二は株式・持分と新株発行・増資の部分、第三は業務運営の実態と取締役・監査役の部分である。「準組合法理」の解明は本書の骨格をなす理論の説明であり、この部分がないと本書の価値はまったくないと言えるであろう。「株式・持分」は会社の支配に係るものであり、株主・社員間の内紛も生じ易いのが非公開会社である。また、持株・持分比率の維持は重要な課題であるとともに、資本調達の面もかかせない。最後に、所有と経営の一致という側面も重要であるから、取締役と監査役の役割について説明することは欠かせなかった。本書は、網羅的に解説するものではないので、使用される教官の方々は、別に体系書を使ったうえで、副教材として本書を利用していただきたい。私のように「中小会社法」という授業科目で本書を利用されることはほぼ無いと思われるからである。

なお平成一五年一〇月二九日に法務省民事局参事官室から公表された『会社法制の現代化に関する要綱試案』については、平成一七年の立法化を待って本書の改訂版で論ずることとして、現段階では非公開会社に関する部分を昭和六一年五月一五日の『改正試案』とともに、資料として掲載することとした。

私と中小会社の係わりは、父が昭和三〇年の秋に企業を立ち上げた時から始まった。当初は個人営業であったが、順調に大きくなり五年位後に有限会社として法人成りしてから、この会社を「観察」することができるようになった。私としては愛着のある会社であり、昭和四七年に父が亡くなってからは、兄が代表取締役として後を継いだ。その時に判ったのであるが、父が生前に有限会社の持分を既に家族の名義に切り替えていたのであった。全体で二〇〇〇口であったが、私は二〇〇口をもらっていたのである。企業承継では株式・持分の帰属をめぐって紛争が生じ易いし、また、相続税の支払もある。父が企業承継対策として、法律（税法も含めて）の許すかぎりで、生前に持分を贈与し名義も替えてあったことに家族は皆感謝したのである。今年（平成一六年）の八月は父の三十三回忌である。母は米寿の歳で法要の施主を努めるという。富山市に生まれた小さな企業（有限会社）が創業者の死の後も三十年余も存続しつづけているのである。ゴーイング・コンサーン（継続企業）というのは本当に存在するのである。この小さな有限会社の誕生から知っている私が亡くなっても存続し続けてほしいと願っている。

今回も本書の刊行について袖山貴氏ら信山社のスタッフの皆様にお世話になり感謝申し上げる。それとともに、本書の原稿をパソコンに入力してくれるなど私を支えてくれた大学院生の西本英紀君に感謝したい。

平成一六年一月

金沢の自宅にて

大　野　正　道

目　次

はしがき

第一章　総　論 …… 1

第一節　中小会社の法律上の定義 …… 1
1　商法上の定義 (1)
2　外国法における現状 (2)
3　株式会社と中小会社 (4)

第二節　中小会社と準組合法理 …… 6
1　社団法理の限界 (6)
2　準組合法理の適用 (7)
3　合同行為説の当否 (9)
4　補論——私会社の基本的法構造 (11)

第三節　中小会社と譲渡制限 …… 13
1　株式・持分の譲渡制限 (13)
2　新株引受権・出資引受権 (14)

3　株式・持分の相続制限（16）
4　補論——中小会社における相続制限（18）
(1)　中小会社の定義との関連（18）　(2)　株式と有限会社持分の取扱（19）
(3)　平成六年改正の意義（21）
第四節　中小会社と合名会社の相違……23
1　合名会社の特色（23）
2　合名会社の財産関係（24）
3　合名会社の活動関係（25）
4　社員の変動（26）
5　中小会社における退社と除名（28）
第五節　企業の営利性と公共性……28
1　企業の経済的機能（28）
2　営利性と公共性の関係（29）
3　私悪と公共善の関係（32）
第二章　設　立……35

第一節　中小会社の設立手続……35
1　非公開株式会社の設立手続（35）
2　有限会社の設立手続（36）
(1)　一人有限会社の許容（36）　(2)　有限会社の設立手続（37）
3　現物出資・財産引受と調査（39）
4　検査役の調査の免除（41）
(1)　概　説（41）　(2)　検査役の調査に代わる証明・鑑定評価（42）
(3)　事後設立と新株発行（45）
第二節　中小会社の定款の効力……46
1　定款と準組合法理（46）
(1)　合同行為説の当否（46）　(2)　株主間における定款の効力（47）
2　中小会社における定款変更（49）
(1)　定款変更の決議（49）　(2)　イギリス法における定款変更（50）
(3)　定款変更できない類型（53）
第三章　株式・持分……55

第一節　譲渡制限と投下資本の回収……55
1　株式会社における投資の回収 (55)
2　買取請求権の提案 (58)
3　補償条項の有用性 (59)
第二節　中小会社からの退社（自己株式・自己持分の取得）……60
1　自己株式の取得制限 (60)
(1)　取得制限の理由 (60)　(2)　平成六年改正による取得緩和 (61)
(3)　平成六年商法改正の趣旨 (63)
2　平成一三年商法改正の位置付け (65)
(1)　改正法の概要 (65)　(2)　関連する税務上の取扱い (66)
3　株主（社員）の会社からの退社 (67)
第三節　中小会社における議決権制限株式……68
1　議決権制限株式の利用 (68)
2　平成一三年改正前の取扱い (69)
3　平成一三年改正法の意義と内容 (71)
4　有限会社における取扱い (72)

5　今後の課題 (73)

第四章　中小会社における業務運営の実態 …… 75

第一節　手続規定の不遵守と準組合法理 …… 75

1　概　説 (75)

(1)　手続規定の不遵守 (75)　(2)　正規の手続を欠く決議の効力 (77)

(3)　中小会社と準組合法理 (78)

2　全員出席総会の決議の効力 (80)

(1)　中小会社の株主総会 (80)　(2)　全員出席総会の事案 (81)

(3)　裁判所の判断 (83)　(4)　判決の検討 (84)

3　株主全員の合意の効力 (86)

(1)　商法二六五条と取締役会の承認 (86)　(2)　商法二六五条と最高裁判決 (87)　(3)　株主・社員全員の承認による株式・持分の譲渡の効力 (89)

第五章　中小会社における取締役・監査役 …… 91

第一節　非公開株式会社における機関の概略 …… 91

1　取締役の地位　(91)
(1)　所有と経営の一致　(91)　(2)　取締役の員数・資格　(93)　(3)　取締役の選任・任期・退任　(94)
2　取締役会と代表取締役　(96)
(1)　取締役会の権限　(96)　(2)　取締役会の招集・運営　(97)　(3)　代表取締役と権限配分　(99)
3　非公開株式会社の監査役　(100)
(1)　監査役制度の概要　(100)　(2)　監査役の地位　(102)　(3)　監査役の職務権限　(106)
第二節　有限会社の機関の概略……108
1　社員総会の権限　(108)
2　取締役の権限・選任　(111)
3　監査役の権限・選任　(112)
第三節　取締役の経営責任……113
1　取締役の会社に対する責任　(113)
(1)　取締役の責任の根拠　(113)　(2)　会社に対する責任原因　(115)

(3) 責任の免除・軽減 (116) (4) 責任軽限の実現性 (118)
2 取締役の第三者に対する責任 (119)
(1) 商法二六六条ノ三について (119) (2) 現実の適用傾向 (120)
(3) 商法二六六条ノ三の評価 (122)
3 中小会社における経営責任 (124)
(1) 取締役等の経営責任 (124) (2) 株主・社員の責任強化について (126)
(3) 中小会社の活力の推進 (128)

第六章 中小会社における新株発行と増資……129

第一節 非公開会社における新株発行の概要……129
1 新株発行の態様 (129)
(1) 通常の新株発行 (129) (2) 授権株式数に関する規制緩和 (130)
(3) 株主割当 (131) (4) 第三者割当・一般募集 (134)

第二節 有限会社における増資手続……136
1 資本増加と定款変更 (136)
2 定款変更と社員総会 (138)

3　出資の引受け・払込み（139）

第七章　計算書類の作成と公開……143

第一節　計算書類の作成……143

1　企業会計と税務会計（143）
(1)　企業会計の意義（143）　(2)　商業帳簿と計算書類（145）　(3)　税務会計との関係（146）

2　計算書類の作成（147）

第二節　計算書類の承認と公告……149

1　計算書類の承認と公告手続（149）

2　改正法の評価（151）

3　大小会社区分立法との関係（153）

第八章　組織変更・強制清算……157

第一節　中小会社における組織変更……157

1　組織変更の意義（157）

2　有限会社から株式会社へ（158）
(1)　組織変更の要件（158）　(2)　社員総会の決議（159）　(3)　債権者保護手続（159）
(4)　反対社員の持分買取請求権（159）　(5)　組織変更の登記（160）
(6)　組織変更後の公告及び通知（160）
3　株式会社から有限会社へ（160）
(1)　組織変更の要件（160）　(2)　株主総会の決議（161）　(3)　債権者保護手続（161）
(4)　反対株主の株式買取請求権（161）　(5)　組織変更の登記（161）
(6)　組織変更後の公告及び通知（162）
第二節　中小会社の強制清算……………………………………162
1　強制清算制度の役割（162）
(1)　会社運営の行き詰まり（162）　(2)　中小会社とデッド・ロック（163）
(3)　強制解散制度について（165）
2　強制清算と準組合法理（166）
(1)　イギリス法における強制清算制度（166）　(2)　Westbourne Galleries
事件判決（167）　(3)　衡平法上の考慮（170）

第九章　中小会社における内紛の解決とその予防……173
第一節　中小会社における経営権をめぐる紛争の解決……173
1　対策の指針（173）
(1)　経営権をめぐる紛争の解決（173）　(2)　中小会社における解決の指針（174）
(3)　会社分割の事例（176）
2　会社法学の革新（178）
(1)　会社の実態に応じた解決（178）　(2)　定款作成実務の革新（180）
(3)　望ましい紛争の予防策（181）

第一〇章　中小会社の法規制のあり方について……185
——商法・有限会社改正試案をめぐって——
はじめに……185
第一節　経済的自由主義の定着……187
第二節　大会社規制との相違点……189
第三節　自由社会を支える中小会社……191

むすび……194
《付録1》会社法制の現代化に関する要綱試案（二〇〇三年一〇月二九日）（抜すい）……197
《付録2》商法・有限会社法改正試案（昭和六一年五月一五日）……203
事項索引（巻末）
条文索引（巻末）

第一章　総　　論

第一節　中小会社の法律上の定義

1　商法上の定義

わが国の会社法制度では、商法（明治三二年法律四八号）において、合名会社、合資会社および株式会社の三種類の会社形態が定められており、有限会社法（昭和一三年法律七四号）で有限会社という会社形態が定められている。今日では、株式会社と有限会社が多数利用されており、それぞれ百万社を超えている。両会社形態は、株主（株式会社）または社員（有限会社）に有限責任を認めており、魅力ある会社形態となっている。

本来、株式会社は、上場会社を典型とする公開会社に適した会社形態であると説明されているが、実際には、ほとんどが非公開会社であり、株式は一群の株主集団によって保有されている。有限会社も社員の総数が五〇名以下に制限されており（有限会社法八条一項）、かつ、持分の譲渡につき制限が課されているので（有限会社法一九条二項）、当然に非公開会社である。これらの非公開会社において、株主集団または社員集団に親族関係（血族あるいは姻族）がある場合には、一般に、同族会社と称している。しかし、同族会社という用語は、学術的に会社形態・会社制度を考察する際には、使用されることは稀である。

合名会社、合資会社および有限会社は、それぞれ講学上その特質を説明するに際して格別の無理を覚えないが、株式会社については、二つの形態があるものとして別々に取り扱うことが便宜であろう。既に使用しているように、上場会社・公開会社と非上場会社・非公開会社という区別を用いて検討することが一案である。

結局、商法という法律においては、株式会社形態について、その実質に則して明確に分離して定義することがなされていないのである。会社法における大小会社区分立法が未だ実現していないことが、この傾向に拍車をかけている。できる限り速やかに商法改正がなされることが望まれる。

2　外国法における現状

比較法的にみて、株式会社と有限会社を厳然と区別している法制として、ドイツが参考になる。ドイツにおいては、株式法（Aktiengesetz）によって株式会社（Aktiengesellschaft）が規制され、有限会社法（GmbHG）によって有限会社（Gesellschaft mit beschränkter Haftung）が規制されている。

わが国では株式会社であっても非公開会社として存在しうるが、ドイツでは株式会社は公開会社として位置付けられている。これに対して、有限会社は非公開会社として、位置付けられており、その数は圧倒的多数を占めている（連邦統計庁によると一九九八年の企業形態別納税義務者数の一四・九％が有限会社であるが、株式会社は〇・一％にすぎない）。

有限会社が創造されたドイツにおいては、証券取引所に上場できる株式会社が少ないというわが国とは逆の悩みがあるという（ドイツ連邦銀行の調査によると二〇〇〇年の株式会社数は一万五八二社である）。株式会社（AG）と有限会社（GmbH）とで役割分担を果たしているのがドイツの現状である。

イギリスにおいては、株式会社を二種類に分けている。株式会社のうち公開会社は p. l. c（public limited company）を商号の末尾に付けなければならない。邦語訳では、公開有限会社または公開有限責任会社と呼ばれている（鴻＝北沢・英米商事法辞典〔新判〕七六五頁）。

そして、公開会社以外の会社を私会社（private company）としている。一九四八年の会社法では、通常定款（articles of association）で、株式の譲渡を制限し、株主の数を五〇人までに限定し、かつ株式または社債の公募を禁止している会社を私会社と定義し（1948 Companies Act §28(1)）、この私会社に小規模かつ非公開企業に適する種々の便宜を認めていた。そして、私会社でない会社が公開会社であった。

これに対し、一九八〇年会社法以降、従来とは逆に、公開会社について会社法で定義をし、公開会社でない会社を私会社としている（1980 Companies Act §1(1), 1985 Companise Act §1(3)）。

また、アメリカにおいては、公開会社を publicly held corporation と言い、非公開会社を閉鎖会社

(close corporation or closely held corporation) と呼んでいる。公開会社は、株式が公衆によって所有されている会社であり、閉鎖会社とは、株式が一人または少人数によって所有されている会社をいう。どちらの会社も株式会社であることには違いはない。

このように外国においては、株式が証券市場で取引される公開会社と、株式が一人または少人数の者によって所有されている非公開会社という二つの会社形態を法律で定めている。とりわけドイツでは株式会社と有限（責任）会社という法律上まったく別個の会社形態を定めており、きわめて明確な会社法制を採用している。

3　株式会社と中小会社

我が国の株式会社制度は、商法という単一の法律において、公開会社と非公開会社の二つの会社形態を認容しており、かつ、非公開会社に限定する有限会社という会社形態も認めているので、きわめて複雑な構造になっている。

整理すると、公開会社とは株式会社で株式の譲渡制限が定款で定められていない会社を意味し、非公開会社とは株式会社であって株式の譲渡制限が定款で定められている株式会社（商法二〇四条一項但書）および有限会社を意味するものと分類することが可能であろう。

そこで、前者の公開会社を「株式会社」、後者の非公開株式会社および有限会社を一括して「中小会社」と定義して、両形態の会社組織のあり様について分析することを提案してみたい。私の勤務する筑波大学大学院では、従来の会社法の講義を「株式会社法」三単位、「中小会社法」二単位に分割し、それぞれ専任の教官が講義を担当している。まったく新しい試みであるが、平成二年の開設以来、既に一四年が経過している。

この筑波大学の大学院（企業法学専攻）の「中小会社法」の講義を一貫して担当してきたのがかく言う私である。ただし、公開会社と非公開会社について、「株式会社法」と「中小会社法」の講義という名称を付したのは、故竹内昭夫東京大学名誉教授であり、現在もこの名称を使用し続けている。

中小会社について、非公開会社とか閉鎖会社とかいう代案も考えられないわけではないが、私の仕事の便宜上、中小会社という用語を使用させていただきたい。すでに『中小会社法の研究』（平成九年一〇月、信山社）という学術論文集を上梓しており、この題名で将来改訂版を出したいと考えている。非公開会社とか閉鎖会社というより、具体的にイメージしやすいというメリットが存在しているように思われる。

結局、中小会社という用語については、商法上（有限会社法も）何らの定義もなく、かつ、条文中においてもまったく使用されていないが、株式の譲渡制限が定められている株式会社と有限会社を意味するものとして、本書においては、『中小会社』の法律上の定義とする。また、この定義における中小会社について、企業組織法上の検討を行う作業を『中小会社法』と総称することとする。

一般に、『会社法』という名称の体系書は、その内容の殆どが「株式会社」に関するものであるが、将来的には「中小会社」に関する検討も必要になろう。本書は中小会社についてのみ解題するものであり、中小会社法の研究に刺激を与えるものになれば幸いである。

第二節　中小会社と準組合法理

1　社団法理の限界

会社法学の通説は、会社を営利社団法人と性格付けている（商法五二条一項・五四条一項）。この見解は、会社における法律関係を「社団法理」で把握しようとするものである。社団法理とは、簡単に述べると会社における法律関係を会社と社員（株主）間の社員関係として整序し、その法律関係を簡明に規律しようとする学説である。

例えば、甲株式会社にn人の社員（株主）が存在するとすれば、甲とn_1、甲とn_2……という具合に甲とn_nまでの合計n個の法律関係、すなわち社員関係が存在することになる。甲株式会社と社員（株主）間の法律関係の内容はまったく同質である。

この社団法理は、典型的な株式会社である上場会社・公開会社については妥当であるとしても、中小会社において生ずる法律問題をうまく処理することができない。その理由は極めて単純なことであるが、中小会社（非公開株式会社・有限会社）は、社会学的実態からみて、社団ではないからである。

むしろ、中小会社の実態を組合と把握する方が妥当な場合が多いのである。

したがって、中小会社の実態を組合類似のものと考えるべきである。実定法上もこのように理解すべき根拠が全くないわけではない。我が国の会社法（商法および有限会社法）は、合名会社、合資会社、株式会社および有限会社の四つの会社形態をともに社団法人としているが、このうち合名会社と合資会社については、「会社ノ内部ノ関係ニ付テハ定款又ハ本法ニ別段ノ定ナキトキハ組合ニ関スル民法ノ規定ヲ準用ス(る)」旨を定めている（商法六八条・一四七条）。このように、会社の内部関係を組合として取り扱うことには全く根拠がないわけではなく、実定法上も容認されていると思われる。

考えてみるに、社団法理では、会社と社員（株主）間の法律関係（社員関係）しか認められないので、株主間に紛争が生じた場合には、その解決に困ることになり、とりわけ中小会社における法律関係を処理することには全く適していない会社法理である。平成二年の会社法改正で、一人会社が認容され中小会社の存在が認められることになったので、株主間の紛争を処理するためには、どうしても株主相互間に契約関係が存在すること、すなわち、民法上の組合に準じて会社の内部関係を処理することが必要となった。その意味では、会社の社団性には多くの疑念が沸いてくる。

2　準組合法理の適用

もっとも、商法六八条の文言は、「組合ニ関スル民法ノ規定ヲ準用ス(る)」としているのであって、より正確には、会社の内部関係を組合に準じて規律する準組合法理（quasi-partnership doctrine）の適用を示唆しているものと解すべきであろう。

単純な組合法理では、民法の組合と同様に、社員（組合員）相互間にのみ法律関係を認めるだけであって、会社と社員（組合員）間の法律関係（社員関係）の存在は認められない。例えば、乙株式会社にｎ人の社員（株主）が存在するとすれば、n_1とn_2、n_1とn_3……という具合にｎ人の社員から二名の組み合わせを作ること、すなわち $_nC_2=\frac{n\times(n-1)}{2}$ 個の法律関係（組合せ）が生ずることになる。社員が五名であれば、$\frac{5\times4}{2}=10$ の社員相互間の法律関係が生ずるが、乙株式会社との社員関係は一切存在しないことになる。これが厳密な意味における組合法理である。

これに対して、準組合法理では、会社と社員間に社員関係を認めるとともに、社員（株主）相互間においても法律関係の存在を認めるという会社法理論である。例えば、丙株式会社にｎ人の社員（株主）が存在しているとすると。丙とn_1、丙とn_2……という具合にｎ個の社員関係が存在するとともに、$_nC_2=\frac{n\times(n-1)}{2}$ の社員相互間（株主相互間）の法律関係が存在することになる。

商法五二条一項（社団性の規定）の存在を前提にして、後に続く商法六八条を読解するならば、商法六八条の規定は、準組合法理を採用する趣旨を鮮明にしていると考えられる。商法五四条一項の定める「会社の法人性」に照らしても、単純な組合法理を示唆しているとは解しがたい。その意味では、中小会社ははあくまでも株式会社・有限会社であって、法律上は民法上の組合ではない、と断ぜざるを得ない。

そのため、イギリスの私会社制度では、私会社（private company）の実態が組合（partnership）であると考えても、組合法理を直ちに私会社に適用するのではなくて、組合法理を母体にしながらそれと並行的に発達してきた会社法の特別の法理、すなわち準組合法理（quasi-partnership doctrine）を私会社について適用するように理論構成している。わが国においても、イギリス法に倣い、中小会社に準組合法理を適用して、その内部関係を組合に準じて構成することが妥当であると思われる。社団性か組合性かをめぐって争われた商法六八条の規定の趣旨は、私見のように理解されるであろう。

3　合同行為説の当否

このように中小会社における社員（株主）相互間に契約関係の存在を認めるためには、会社における基本的な法律関係を定める定款において、その契約関係の存在が認められなければならない。従来、中小会社の内部関係における組合に準ずる法律関係の存在が等閑視されてきた一因には、我が国の会社法学者の怠慢とともに、定款作成行為の法的性格を漫然と合同行為と理解してきた会社法学の通説にも責任の一端があると思う。

合同行為説は、定款作成行為における原始社員（発起人）の目的実現に対する平行的な行為の結果として定款の成立を基礎づけるが、その行為における各社員の同一方向の法律行為の集積を認めつつも、社員相互間における法律関係の存在は否定する。はたして、通説が金科玉条のように信奉している会社設立における合同行為説は、中小会社に関するかぎりにおいて、事の実態を正確に反映しているのであろうか。

イギリス一九八五年会社法一四条一項は、基本定款および通常定款は、それが登記されたとき、各株主が署名捺印し、かつ、そのすべての規定を遵守する旨の条項を記載した場合と同一の範囲において、会社および株主を拘束すると規定している。本条は、あたかも株主相互間で契約が締結されたかのように考えて、この契約に基づいて定款の拘束力を認めるものである。ただし、会社が独立の法人格を有する以上、会社と株主間（社員関係）においても契約としての法律関係が生じるのは当然である。

このように私会社の定款の効力について契約法的な理論構成がとられているのは、イギリス近代株式会社法の沿革が、一九世紀中葉以降、組合が法人的特性ないし属性を漸次獲得してきた歴史といえるのであり、今日でも、株式会社法の基本構造において、依然として組合法的原理に多くを負っているからである。

この点について、小町谷操三博士は、『イギリス会社法概説』（五二頁）において、「会社は法人であり、社員と全く別個の存在を有するものであるから、会社の準則たる定款を、会社と社員および社員相互間の契約であるとみるのは理論上明らかに矛盾である」と述べている。この見解は合同行為説を採用する通説からは当然の事柄を指摘したものであるが、契約説を採用するイギリス法の沿革を全く無視したものと評価できるであろう。

4　補論――私会社の基本的法構造

これから述べる見解は、元来、東京大学大学院の修士論文として昭和四八年の秋に執筆したものであるが、これに加筆修正して当時の勤務校である富山大学の経済学部の紀要に昭和五五年七月に掲載したものである。

「定款に定められた事項は会社および社員を拘束する法律上の効力を有している。この定款規定の拘束力は、イギリス法において、定款は会社と社員間および社員相互間の契約であるとする契約法的な理論構成に由来しているのであり、この点に注意を要する。（中略）このような契約法的な理論構成がとられているのは、イギリス近代株式会社法の沿革が、組合（partnership）が法人的特性ないし属性を漸次獲得してきた歴史といえるのであり、株式会社が今日でもその基本的構造において依然として組合法的な原理に多くを負っているからである。略述すると、一八四四年の会社法は、法人格のないジョイント・ストック・カンパニー（joint stock company）に対し、設立証書（deed of settlement）を登記することによって法人格を取得しうる道を開いた。これらの会社は法人格を取得しても、なお組合たる地位に留まり、その設立証書は組合員（社員）相互間の契約を構成するものであった。次いで一八五五年法で有限責任が認められ、両法は一八五六年の会社法に総括された。同法は設立証書に変えて現在と同様に基本定款および通常定款の届出による登記手続きを規定しており、ここにおいて組合法から独立した会社法の基礎が築かれその後の若干の修正法が総括されて、会社法（Companies Act）という近代的略称を持つ最初の制定法である一八六二年法となり、ここで確立された法的基盤が現在に引き継がれたのである。」（大野正道「イギリス小規模会社の法構造（二）」富大経済論集二六巻一号二四頁以下、昭和五五年）。

このような契約法的な理論構成が現在でも私会社において引き継がれているのであるが、公開会社においては、その実態に対応して修正されていくことになる。

「定款が所有と経営の分離した会社の準則ないし自治法規であるという性格を鮮明にしていくとともに、反面で定款が社員相互間の契約でもあるという側面が忘れ去られる現象が生じた。この現象は、株式会社が主として企業者に大量の資金調達の機構を提供するためのものとされ、会社法が所有と経営が分離した会社を規制対象として発展したことの反映である。言い換えると、法人格なき会社が近代株式会社へ移行する過程で、設立証書に基づく契約法理や信託法理を借用する段階から脱皮して、定款が法人格を有する会社の準則として純化した反映とみることができる。（中略）このように会社の実態が組合に類似している場合に限り、社員相互間の契約関係が肯定されるということは、結局において、組合に準じた閉鎖的な会社の実態に即して社員間の法律関係を規制する新たな役割を定款が引き受けた証左であるといえる。定款が社員相互間の契約であるという原則が長い間忘れられていたのは、近代株式会社が社員数が多く所有と経営が分離した典型的な公開会社を主要な規制対象として発展してきたという事実の裏返しであり、法律上は会社であるが実態は組合と異ならない企業の存在が注目されるに至って、社員相互間の契約関係が再認識されることになったのである。」（大野正道・前掲（三〇〜三三頁））。

第三節　中小会社と譲渡制限

1　株式・持分の譲渡制限

中小会社の商法上の定義として、株式・持分の譲渡につき制限が課せられている会社という定義を採用した。そして、商法で定める合名会社・合資会社、および有限会社については、持分の譲渡制限が法定されている。

商法七三条は、「社員ハ他ノ社員ノ承諾アルニ非ザレバ其ノ持分ノ全部又ハ一部ヲ他人ニ譲渡スコトヲ得ズ」と規定して、合名会社の持分の譲渡を法律の明文をもって制限している。この規定は、商法一四七条によって、合資会社の無限責任社員の持分の譲渡に準用される。なお、合資会社の有限責任社員の持分については、商法一五四条で「有限責任社員ハ無限責任社員全員ノ承諾アルトキハ其ノ持分ノ全部又ハ一部ヲ他人ニ譲渡スルコトヲ得」と規定されており、この持分についても譲渡制限が課されている。

また、有限会社については、有限会社法一九条一項で、「社員ハ其ノ持分ノ全部又ハ一部ヲ他ノ社員ニ譲渡スコトヲ得」と定められており、社員相互間では持分を自由に譲渡することができるが、同条二項では、「社員ガ其ノ持分ノ全部又ハ一部ヲ社員ニ非ザル者ニ譲渡サントスル場合ニ於テハ社員総会ノ承認ヲ要ス」と定められており、非社員への持分の譲渡は社員総会の承認が必要である旨を法律で明定している。

これに対して、株式会社にあっては、株式を自由に譲渡できること（株式の譲渡自由性）が会社の本質的属性である、と昭和二五年商法改正以降長く考えられてきた。しかし、第二次大戦後における中小規模の中小会社の群生という事態を直視するならば、中小企業団体から、たとえ株式会社形態を採用しているとしても、何らかの形での株式の譲渡制限が許されるべきことが強く要請されていた。

その結果として、昭和四一年の商法改正で、株式は原則として他人に譲渡できる（商法二〇四条一項本文）が、定款で株式の譲渡につき取締役会の承認を要する旨を定めることができる（商法二〇四条一項但書）、とされた。その立法理由は、部外者が株主（社員）となって、従来存在していた社員間の親密な人的結合関係を破壊することを阻止するためである、と説明されている。なお、他人に対する株式の譲渡であるから、株主間の株式の譲渡にも取締役会の承認が必要であることに注意すべきである。

2　新株引受権・出資引受権

平成二年の商法改正において、商法二〇四条一項但書によって許容される定款による株式の譲渡制限（株式の譲渡につき取締役会の承認を要する旨を定款で定めることができる）に見合うものとして、この定款の定めがある場合には、株主の新株引受権が法定されることになった。すなわち、商法二八〇条ノ五ノ二第一項の規定が新設されて、「株式ノ譲渡ニ付取締役会ノ承認ヲ要スル旨ノ定款ノ定アル場合ニ於テハ株主ハ新株ノ引受権ヲ有ス」（同条一項本文）と定められた。

中小会社の定義について、既に「株式・持分の譲渡制限が課されている会社」を採用したが、これは講学上の公開会社と閉鎖会社の区分においては、閉鎖会社の定義に該当する。したがって、この新設規定（商法二八〇条ノ五ノ二）は、公開会社と中小会社（閉鎖会社）の区分に従って、新株発行における既存株主の利益を別々に取り扱うことを明瞭にしている。公開会社においては、株式の譲渡は自由であって（商法二〇四条一項本文）、増資に際しても授権資本制度の下、新株発行手続において、既存株主への新株引受権の付与は、原則として、取締役会の決定に委ねられている（商法二八〇条ノ二第一項五号）。

これに対して中小会社においては、株式の譲渡を定款で制限することができ（商法二〇四条一項但書）、増資（新株発行）手続において、既存株主の新株引受権は、但書の定める特別決議がなされる場合を除いて、明文で法定されることになった（商法二八〇条ノ五ノ二第一項本文）。

この改正の立法趣旨として、法務省民事局第四課（商事法の担当部局）の担当官はつぎのように説明している。すなわち、「株式の譲渡制限をしている会社の株主は、当該会社の株式を市場において自由に取得することができないのに、会社の方は自由に第三者に新株を発行して、株主の持分割合を変動させることができるというのは不合理であるところから、改正法では、この場合には、まず、株主に旧株に比例して新株を引き受けるかどうか聞くべきであるとして、株主に新株引受権を付与することとされたわけです。これは、株式の譲渡制限を規定した昭和四一年の商法改正の時点で、この規定を設けるべきであったのかもしれません」という内容である（堀恩恵「実務相談室」商事法務一二四二号三五頁）。

このように、定款による株式の譲渡制限規定とその場合における新株引受権の法定は、本来、セットとして同時に規定されるべきであって、その意味では、昭和四一年改正時における規定の不備が平成二年の商法改正で正されたということができる。

なお、有限会社については、資本増資の決議を社員総会の特別決議で行うこととする（有限会社法四七条・四八条・四九条）とともに、「社員ハ増加スル資本ニ付其ノ持分ニ応ジテ出資ノ引受ヲ為ス権利ヲ有ス」（有限会社法五一条本文）として、出資引受権が従来から法律上当然に社員に認められていた。

3　株式・持分の相続制限

中小会社は既に説明したように、その内部関係は準組合法理（quasi-partnership doctrine）によって規律される。中小会社の内部関係が準組合法理によって処理されるとすれば、その徴憑はつぎの四点に集約される。

第一は、社・員の持分の譲渡に関する制約である。

第二は、社員の持分の相続に関する制約である。

第三は、社員の退社である。

第四は、社員の除名である。

第一の社員の持分の譲渡の制約については、既に商法二〇四条一項但書および有限会社法一九条二項の規定について説明したところである。第二の社員の持分の相続については、まだ検討を終えていない。社員（株主）の知らない第三者が会社に入社する事態は、持分（株式）の相続の場合にも生じうる。被相続人（従来の社員・株主）が立派な人であっても、その相続人が会社にとって好ましい人物であることは必ずしも保障されていない。

株式および有限会社の持分については、現在のところ相続制限を許容する明文の規定は存在しない。したがって、譲渡制限の延長線上において相続制限が法定されること、あるいは譲渡制限および相続制限が課されている会社をもって中小会社とする観点からは納得しうるが、現行の実定法のもとにおいては、やはり中小会社の定義として採用することができない。相続制限の許容は、とりわけ「企業承継法」の見地から重要視されるが、次回の商法改正で是非実現されることが期待される検討事項である。社員の退社および除名については後に言及する。

4　補論――中小会社における相続制限

(1)　中小会社の定義との関連

中小会社の法律上の定義について、本書では、「株式または持分の譲渡につき制限が存在する会社」を意味するものとしている。したがって、合名会社、合資会社、有限会社および定款で譲渡制限が定められている株式会社が中小会社に該当し、このうち主として、譲渡制限規定のある株式会社と有限会社を対象として、その法律上の問題点を解説している。

ところで、株主（社員）にとって好ましくない者が会社に入社する事態の発生は、なにも株式（持分）の譲渡の場合だけに限らない。株式（持分）について包括承継が生ずる場合には、譲渡制限規定の効果が及ばず、会社または株主（社員）にとって好ましくない者が入社する危険が生ずる。この包括承継の例としては、相続と合併の場合が考えられる。被相続人（従来の株主）の相続財産は一体となって（単独ないし共同）相続人に包括承継によって受け継がれ、この財産の移転には、商法二〇四条一項但書や有限会社法一九条二項は適用されないと解されている。すなわち、相続制限条項は株式会社と有限会社では効力を生じないのである。そのため、被相続人が立派な人であっても、その相続人が会社にとって好ましい人物であることは必ずしも保障されていないのである。

また会社の合併の場合にも同様の危険が生ずる恐れがある。対等合併の場合を想定すると、消滅会社の総資産が存続会社に引き継がれる（包括承継）とともに、消滅会社の株主に存続会社の株式が一対一で割り当てられる。この際にも譲渡制限規定は効力を持たないのである。

もっとも、合名会社と合資会社については、持分の相続制限が法定されている。商法八五条三号は社員の「死亡」を法定退社原因として定めているので、新たに「持分の承継」や「社員の入社」手続を経ない限り、合名会社の持分は原則として相続により承継されるものではない。合資会社の無限責任社員の持分も同様である(商法一四七条)。なお、有限責任社員の持分について、商法一六一条一項は、「有限責任社員ガ死亡シタルトキハ其ノ相続人之ニ代リテ社員ト為ル」と定めており、有限責任社員の持分が相続により承継されるとしている。

(2) 株式と有限会社持分の取扱い

株式および有限会社の持分については、現在のところ相続制限を許容する旨の明文の規定は存在しない。平成二年商法改正の立法作業において、改正試案(昭和六一年五月一五日法務省民事局参事官室)三3aは、「株式の譲渡制限の定めをした株式会社または有限会社は、定款で、相続または合併による株式または持分の移転があったときは、一定の期間内に、総会の決議で指定した者がその株式または持分の売渡を請求することができる旨を定めることができる。」としていたが、結局、継続検討事項として立法化は実現しなかった。

このような定款条項は、相続制限事項のうちのいわゆる承認事項と呼ばれ、ドイツの実務においてしばしば用いられている。その具体的な効果は継続条項と承継条項に分類することができる。継続条項とは、死亡社員の相続人から残存社員その他縁戚関係のない第三者がその持分を買い受けるというものであり、これによって会社は死亡社員を除いて継続されていくことになる。この買受け、あるいは、売渡請求権は、総会決議で指定された者の形成権であるが、会社自体が株式の取得ができるときは、その自己株の取得および消却により、死亡社員が退社して残存社員のみで会社が継続されていき、まさに合名会社に関する商法八五条三号の法定退社原因に似た状態が発生する。そして、会社は死亡社員が一名欠けたままで継続されるか、あるいは新たに一名を入社させて株主を補充するかは、残存社員達の決定事項である。なお、この改正試案三3aでは、会社の自社株式取得は認められていなかった。

次に、承継条項であるが、この場合には買受人を死亡社員の共同相続人の中の一人とか縁戚関係のある者とし、実質的に株主の世代交代を認めるものである。多くの場合には相続人は複数であることが多いが、これら共同相続人中のだれが承継者として好ましいかを判断するのは、実質的には残存社員の総意に委ねられるであろう。株主総会（社員総会）で買受人が決定される旨提案されているが、この株主総会（社員総会）において共同相続人の代表が総会決議に参加できないわけではない。商法二〇三条二項および有限会社法二二条の規定する「権利行使者」が速やかに選任できたときは、この者が買受人指定の総会決議に参加できることには、特に異論はないであろう。

承継条項を通じて死亡社員は自己の後継者を会社の株主・社員として残すことができる。とりわけ、会社の経営が株主の金銭的信用に大きく依存している場合には、遺産分割協議の進行と調整しつつ、死亡社員の後継者と目される人物を株主として新たに入社させることが望ましい。遺産の分割は相続開始のときにさかのぼってその効力を生ずる(民法九〇九条)ので、自社株式を取得する後継者を買受人にすることがもっとも妥当であると思われる。

(3) 平成六年改正の意義

平成六年の商法改正によって、自己株式の取得が大幅に緩和された。中小企業業界にとって注目すべきは商法(平成一三年改正前)二一〇条ノ三の規定の新設である。同条は、「株式の譲渡につき取締役の承認を要する旨の定款の定がある場合においては、会社は、商法第二一〇条の規定に拘われず、株主の相続人よりその相続により得た株式を、相続の開始後一年以内に買い受けるためにするときは、自己の株式を取得することができる」と定めていた(商法(平成一三年改正前)二一〇条ノ三第一項本文)。

ただし、その株式数は、他の譲渡制限規定による自己株式(商法二一〇条五号)とあわせて発行株式総数の二〇%を超えることができない(商法(平成一三年改正前)二一〇条ノ三第一項但書)。会社が株式を買い受けるためには特別決議(商法三四三条)によることが必要であるとともに、株式を譲渡しようとする相続人は議決権を行使することができない(商法(平成一三年改正前)二一〇条ノ三第三項・二〇四条ノ三ノ二第三項・第四項)。

また、有限会社法(平成一三年改正前)二四条一項で商法(平成一三年改正前)二一〇条ノ三第一項第二項が準用されるとともに、会社が自己持分を買い受けるためには特別決議(有限会社法四八条)を要し、持分を譲渡しようとする社員の相続人は議決権を排除される(有限会社法二四条二項、商法二〇四条ノ三ノ二第三項)。

本条の会社による株主の相続人からの自己株式の取得は、両者の合意による取得であり、改正試案三3aが意図していた会社の形成権に基づく自己株式の取得ではない。それゆえに、譲渡制限の延長線上において相続制限が法定されていたわけではないのである。

現行の実定法のもとにおいては、譲渡制限が課されている会社を中小会社として特別に考察しているが、これに加え相続制限をも課されている会社をもって中小会社と定義するのが本来の姿だと考えている。相続制限の許容は、できるかぎり早急に実現されるべき重要な検討課題である。

なお、この商法二一〇条ノ三の規定は平成一三年の改正により削除され、株主の相続の際における自己株式の取得は、商法二一〇条の規定により会社が株主の相続人から自己株式を取得できるように改められた。

そのため、取得限度二割の制約がなくなり、さらに、自己株式の取得のために要する決議も商法三四三条の特別決議から定時総会の普通決議で足りることになったので、より一層自己株式の取得が緩和されることとなった。

商法の改正にあわせて、有限会社についても自己株式の取得および保有規制の見直しがなされた(有限会社法二三条ノ二・二三条ノ三、二四条等)。また、有限会社においては、社員総会の特別決議(有限会社法四八条)により、会社が有する自己持分を消却することになった(有限会社法二三条ノ三第一項)。

結局、商法旧（平成一三年改正前）二一〇条ノ三の規定の削除は、現行商法二一〇条の規定が自己株式取得の原則禁止から原則認容へと転換したために生じた規定の見直しであり、決して株主（社員）の相続の際の自己株式（自己持分）の取得について足枷をはめる意図のものではないと考えられる。

第四節　中小会社と合名会社の相違

１　合名会社の特色

中小会社の内部関係は準組合であると述べているが、その点では合名会社も同様であると指摘できる。そこで、合名会社の法律上の特色を検討してみる。

合名会社の特色は、無限責任社員のみから成る会社形態であって、その社員は会社に対し出資義務を負うほか、会社の債務につき直接、会社債権者に対して連帯無限の責任を負い（商法八〇条）、それと照応して、別段の定めがない限り、会社の業務執行および代表の権限を有している（商法七〇条・七六条）。したがって、各社員は会社事業に没入し、企業の所有と経営とが合一するから、会社はちょうど個人企業の共同経営のようなものであって、まさに典型的な人的会社である、と指摘されている（鈴木竹雄＝竹内昭夫『会社法〔第三版〕』五五〇頁）。

2　合名会社の財産関係

合名会社の社員は、会社に対して事業遂行に必要な出資を行い、その出資は、金銭や現物だけではなく、労務や信用でも構わない。出資の見返りに、社員は、会社の事業遂行によって得た利益の分配にあずかり、また損失を分担するが（内部関係）、さらに事業遂行により会社が負担するにいたった債務につき、会社債権者に対して責任を負う（外部関係）。

利益の分配は、社員が無限責任を負うため、特に会社債権者の保護を要しないので、株式会社や有限会社と異なって、会社の自治に委ねられている。したがって、定款の規定または総社員の同意があれば、営業年度の終わりとはじめの純財産額を比較して、単にその超過額を利益として配当してもよいし、さらに、利益の有無にかかわらず一定額を配当しても違法ではない。しかし、特に定めがなければ、純財産（積極財産から債務を控除した額）と財産出資の総額（資本額）とを比較して、積極ならば利益とし、消極ならば損失とすべきである、とする見解が有力である（鈴木＝竹内・前掲書五五六頁）。

さらに、損益の分配は、定款に別段の定めがなければ、毎年一回一定の時期に設定される決算期（商法三三条一項一号・同条二項）において、各社員の出資の価額に応じて（商法六八条、民六七四条）実施される。そして、利益は原則として現実に分配されるが、定款または総社員の同意により、その全部または一部を積立金として社内に留保することもでき、この場合には、各社員の持分がそれだけ増加することになる。

これに対して、損失の分担は、単に計算上各社員の持分が減少するだけのことで、社員が追加出資をして現実に塡補する必要はない。

社員の責任については、会社財産を持って債務を完済することができないか、または会社財産に対する強制執行が功を奏しないときは、各社員が連帯してその弁済の責めに任ずることになる（商法八〇条）。このように、社員は直接、会社債権者に対して、連帯して、その財産をもって（人的責任）、無限の責任を負担するが、この責任は、会社債務についての従属的な責任であって、しかも会社財産により債権の満足を受けがたい場合に追及される第二次的な責任であるとされている。

会社債権者に弁済した社員は、一方で、会社に対して「第三者の弁済」による法定代位（民法五〇〇条）として求償権を取得するとともに、他方において、他の社員に対しても、その負担部分につき「連帯債務者」の求償権を有することになる。この際に、一方の手段で満足を得れば、他方の権利が消滅するのは当然のことである。

3　合名会社の活動関係

合名会社の社員は、会社の債務について無限責任を負う反面において、業務執行および会社代表権についても、原則として、全社員が権限を持っている。また、重要事項の決定には総社員の同意を要する。合名会社においては、企業の所有と経営が一致しているので、中小会社とされる株式会社と有限会社と比較しても、複雑な機関の分化（株主総会・取締役会・代表取締役・監査役等）は認められていない。

もし、分化を必要とするならば、各社員は、合名会社の準組合性に基づいて、業務執行の権利を有し、かつ、義務を負うのが原則であるが、定款に別段の定めがあると、一部の社員のみを業務執行者とすることができる（商法七〇条）。

また、社員に業務執行につき不正の行為を働いた等の特別の事由があれば、法定の手続き（当該社員を除く他の社員の過半数の決議を持って業務執行権の喪失の宣告を裁判所に請求する）を経て、業務執行権を喪失させることができる（商法八六条一項四号）。

業務執行社員は原則として各自会社の代表権を有するが、定款の規定または総社員の同意により、その一部の者のみを代表社員にすることができる（商法七六条）。また、業務執行権の喪失と同様に、会社を代表する際に不正な行為を働いた等の特別の事由があれば、同一の法定手続により代表権を喪失せしめることができる（商法八六条一項四号）。

4　社員の変動

合名会社においては、社員に関する事項は定款の絶対的記載事項とされている。各社員の氏名および住所（商法六三条三号）と各社員の出資の目的およびその価格または評価の標準（商法六三条五号）が該当する。したがって、社員の変動は定款変更事項になるが、他の社員にとっても会社債権者にとっても重大な利害があるので、商法の条文で特則が設けられている。

まず、入社であるが、これはすでに述べたように定款変更事項であるから、総社員の同意が必要である（商法六三条三号・五号・七二条）。

社員の退社については、社員が会社関係によって受ける拘束が大きいので、已むことを得ざる事由があるときは、他の社員の意思にかかわらず、一方的に告知して退社できることが法定されている（商法八四条二項）。

次に、特定の社員に対する信頼が失われた場合には、他の社員の利益のために、その者の意思いかんにかかわらず、脱退させることができる除名の制度が設けられている（商法八五条六号・八六条一項）。また、社員の破産の場合には当然に退社が生じ（商法八五条四号）、持分の差押債権者には社員の退社請求権が認められている（商法九一条）。

退社により社員は社員たる地位を喪失し、その代わりに持分の払戻し、すなわち持分が会社財産につき占めていた実質上の分け前の返還を、金銭の支払いの形で補填されることになる（商法八九条）。労務または信用を出資の目的とした場合においても、金銭の形で補償を受けることになる。ただし、定款に別段の定めがあるときはその規定に従い、無償である旨が定款で定められている場合には、払戻しを受けることができない。持分の時価より縮減された補償額であっても、定款の規定により、退社員はその取扱いを甘受せざるを得ないのである。

持分の譲渡は当事者間の契約によって行われるが、それが効力を生ずるためには、他の社員全員の承諾を必要とする（商法七三条）。持分の相続については、定款に別段の定めがない限り認められず、社員の死亡は法定退社事由とされている（商法八五条三号）。

5　中小会社における退社と除名

中小会社の準組合性として、四つの徴憑を指摘したが、合名会社と同様に社員の退社と除名が認められるか考察を要する。我が国では、定款で譲渡制限が定められた株式会社と有限会社について社員（株主）の退社と除名が認められるか学説で論じられることはほとんどなく、また、法律上の規定も存在しない。しかしながら、ドイツの有限会社においては、有限会社法に規定は存在しないが通説および判例で社員の退社と除名が認められている（この点について、詳しくは拙著『中小会社法の研究』（信山社、平成九年）の諸論文を参考にしていただきたい）。

第五節　企業の営利性と公共性

1　企業の経済的機能

わが国の商法は、会社を営利社団法人としているが、（商法五二条一項・五四条一項）、これは法律的な側面から、企業を定義するものといえる。これに対して、経済的には、企業とは、資本と労力を結合させて、利潤の獲得を目指す主体であるといえるであろう。この点は個人的立場からみた企業の経済的機能であるが、企業の社会的立場からみた経済的機能の検討も重要である。企業は資本家個人の私的な営利目的を超えた社会的な使命を担っているかもしれないからである。

現在では、「会社をめぐる世界」(corporate universe)という概念が広範囲に受け入れられている。会社法の前提では、株主が会社(企業)の構成員であり所有者であるという社員権理論が通説であるが、企業はさまざまな次元で外部世界と接触を持っている。たとえば、会社債権者、従業員、地域住民、国家等である。そして、その理論的根拠が、市場経済における「外部効果」を市場内化しようとする公共経済学である。企業の得る利潤は、すべてが企業自身に発するものではない。ましてや、株主の出資した元手(資本)にすべての経済的成果を還元できるものではない。たとえば、企業の立地には道路網、電信電話、港湾、空港等のインフラストラクチュアの形成が欠かせない。そのために、国家の財政・金融政策が企業のために発動されているのである。

したがって、企業は一つの社会の「公器」としての性格を持っていることを否定できない。まさに、企業の経営者は、株主の受託者だけでなく、社会全体に対しても受託者の地位にあるわけである。

2　営利性と公共性の関係

このように考えてくると、商法の定める企業の「営利性」と現実の経済社会における企業の「公共性」をどのように折り合いをつけるべきかが問題となる。

商法は企業に関する私法であり、契約の自由と私的自治の原則が支配する法領域である。そのため、商法それ自体としては、個体間（株主や会社債権者など）の利益の調整を目的としているが、企業の「営利性」と「公共性」について論ずる際には、ミクロ的な視点とマクロ的な視点の複眼的な考察が要求される。

まず、近代市民社会における企業の営利性は、営利追求の自由、すなわち自由企業体制の容認として理解される。近代市民法（民商法とりわけ会社法）は、この自由企業体制を法的に確立したものに他ならない。このように近代市民法は、自由企業体制を成り立たせるための法的秩序を意味する。

しかし、営利の追求を通じて経済全体の繁栄がもたらされるという点では、企業の「公共性」が「営利性」の背後に予定されていた。有名な「神の見えざる手」がそれに該当する。しかし、企業における公共性は、法の意識にはのぼらず市民法の自動的反射効果として予定されていたのにすぎないのであり、法的には全くの空白状態であった、と言える。

しかし、資本主義経済の高度化に伴い様々な矛盾の存在が明らかとなってきた。今まで潜在化されていた「公共性」を顕在化するための要求が、従来の法的空白状態を充たすべき新たな実定法の登場を促し、社会調和的要求を満たす国家の経済に対する干渉の法が「国家の見える手」として登場したのであり、ここに「経済法」という一群の法領域の発生・発展をみるわけである。

この点における公共的な側面は、「見えざる手」による調和と繁栄がもたらされるとして、法的には空白状態であり、市場の自動的調節作用に委ねられた予定調和の世界であって、宗教的には理神論が前提となっていた。

しかし、資本主義経済の発展過程で生ずる現実的な社会調和的要求を充たすためには、この法的空白状態を充たす必要が生じ、ここに国家の干渉を必要とする段階に至る。社会調和的要求は、「見えざる手」としての市場法則によって最早達成されず、現実の「国家の見える手」によって充たされなければならないのであって、それは、経済的には総資本＝国民経済的立場からの国家の経済政策として現れる。

経済法は、近代市民法によって残されていた法的空白状態を補うためのものであり、市民社会の私的側面に対して、そこに内蔵されていたと考えられる公共的（社会的）側面に関する法であり、このような本質の上に、経済的＝社会調和的要求に応ずるもの、すなわち、主として、経済循環に関連して生ずる矛盾・困難（市民法による自動調節作用の限界）を、社会調和的に解決するためのものとして理解することができる。言い換えると、経済法は、資本主義社会において、それぞれの経済的＝社会調和的要求を、「国家の手」（「神の見えざる手」の代り）によって充たすための法といえる。

経済法学者の先駆者である金沢良雄教授は、経済法について、市民社会における具体的な社会調和的要求を充たすために、一定の政策的意図のもとに、国民経済的立場から調整を図るものである、と定義されている。

3　私悪と公共善の関係

近代市民社会の成立当初、「営利性」のなかに「公共性」が埋没していたため、マンデヴィルの「私人の悪徳は公共の善」というように、利己的人間が矛盾なく受け止められていた。たとえば、パン屋は、パンを売ってもうけるためにパンを焼くのであり、それを寄付するために作っているのではない。このように、営利追求という私悪を行うことによって、社会全体の公共善が充たされることになるわけである。

アダム・スミスは、このマンデヴィルの思想を批判的に摂取して自己の思想を確立した。彼の初期の作品である『道徳情操論』の利他心と後期の作品である『諸国民の富』の利己心は矛盾するというのが一九世紀のドイツで論じられた「アダム・スミス問題」であるが、この点は、道徳情操論における「同感の原理」を正しく把握していなかったことにより生じた論争であると思われる。

アダム・スミスの提唱する同感（Sympathy）の原理は、正義の観念として、境遇の交換を行い、事情に精通した公平な観察者が是認できることを挙げている。

したがって、野放しの利己心の発動ではなく、自制と正義によって規制された行動を是とするものである。

ただ、彼は理神論的世界観の持ち主であり、予定調和の世界に生きていたことを忘れることはできない。人々の利益（私益）追求の努力が、神の見えざる手に導かれて、意識せずして社会の福祉を実現するという。

問題は、資本主義が高度化した現在では「神の見えざる手」に社会の厚生の調整を委ねることがもはやできないということである。国家の意識的な私人の経済活動に対する干渉・介入が必然化している。もはや単純な経済社会とその秩序を維持することはできない。今や積極的な市場への干渉が要望されているのである。

第二章　設　立

第一節　中小会社の設立手続

1　非公開株式会社の設立手続

株式会社の設立方法には、発起（ほっき）設立と募集設立の二つの態様がある。

発起設立では、発起人（ほっきにん）が設立に際して発行する株式の全部を引き受けた後、株式の発行価額の全額を払い込み、または現物出資の全部を給付し、かつ、取締役・監査役を選任して（商法一七〇条一項）、会社の機関が形成されると、会社の実体が出来上がる。

これに対して、募集設立では、発起人が設立に際して発行する株式の一部を引き受けた後、残部について株主となる者を募集し（商法一七四条）、応募した株式申込人に対する割当（わりあて）がなされて引受人が確定して、その者は株式引受人となる。出資の履行後、発起人により創立総会が招集され（商法一八〇条一項）、創立総会で発起人から創立事項の報告がなされる。次いで、取締役・監査役が選任され会社の機関が形成される（商法一八三条）と、会社の実体が出来上がる。

発起設立あるいは募集設立により、設立手続が終了して設立登記（商法一八八条）がなされると、会社は成立し（商法五七条）、法人格が付与される（商法五四条一項）。厳密な統計はないが、平成二年の商法改正の後は、より簡便な発起設立による非公開株式会社の設立の方が選好されているのではないか、と推測される。

2　有限会社の設立手続

(1)　一人有限会社の許容

次に、中小会社の法人形態として、株式会社よりも広く利用されている有限会社の設立手続について、その概略を説明する。有限会社は株式会社とともに、会社財産のみが信用の基礎となり重視される会社形態である。一般に物的会社として分類されるが、会社債権者に対する側面では構わないとしても、会社の内部関係では人的会社と同じ類型である、というべきであろう。有限会社は、結局、準組合（quasi-partnership）であることを忘れてはならない。

そして、有限会社は基本的には複数人の有限責任の社員で構成されることを予定している。したがって、有限会社の設立は、会社財産の充実が図られて、組織がしっかりとしたものになるように、法律（有限会社法）に規定されている設立手続（有限会社法五条以下）に則って厳格になされる必要がある。有限会社として営業を開始して、事業の基盤が整ってから株式会社に組織変更をすることもできる（有限会社法六七条）。

平成二年の商法・有限会社法の改正で、一人（いちにん）有限会社も法律上その存在が認められるようになり、個人営業が法人企業に移行することが実務上便利になった。平成二年改正前の取扱いでは、有限会社の解散事由を定める有限会社法六九条一項五号に「社員ガ一人トナリタルコト」が規定されていたことから、株式会社における一人会社と異なって、有限会社では、社員が一人である一人会社は法律上その存在が認められない、と解されていたのである。

しかし、平成二年改正で、この五号が有限会社法六九条一項から削除されたため、法律の条文においても一人（いちにん）有限会社が是認されることが明瞭となった。この場合、社員が一人であっても、その社員たる人物（自然人）と法人たる有限会社（有限会社法一条二項）が、別個独立の法人格を有することは当然のことである。

(2)　有限会社の設立手続

次に、有限会社の設立手続は、まず社員となる者を確定し、これらの者による定款の作成から始まる（有限会社法五条一項）。有限会社の設立手続においては、株式会社でいう発起設立の形式のみが認められており、会社の設立の企画に参加した者以外に出資者を募ることができない。有限会社の設立に関する企画参加者を原始社員といい、株式会社の場合のように、発起人《ほっきにん》という呼び方はしない。

定款には、社員の氏名・住所および出資口数が記載されなければならない（有限会社法六条五号・六号）。すなわち、会社の設立手続の最初の段階から、社員となる者の全員が確定していなければならないのであり、この点は、募集設立を認める株式会社の設立とは本質的に異なるところである。そして、社員となる者が定款に署名することにより、出資の義務が確定する。この点でも、株式会仕の場合と異なって、社員の個性、すなわち誰が社員となっているかが問題となっている。有限会社は、本来、小規模かつ閉鎖的な会社であるから、誰が社員となるかは、社員全てにとって重要な事柄である。

設立に際して作成される最初の定款のことを、特に原始定款というが、有限会社の原始定款も株式会社のそれと同様に、公証人の認証を受けなければその効力を有しない（有限会社法五条二項、商法一六七条）。なお、いったん会社が設立された後になされる定款変更（有限会社法四七条）に際しては、公証人の認証は必要ない。

有限会社の設立に際しては、社員総会の開催は必ずしも必要ではないが、初代の取締役が定款をもって定められていない場合には、会社の成立以前に社員総会を開催して、取締役を選任しなければならない（有限会社法一一条一項）。取締役が選任されると、社員となる者は、遅滞なく出資金額の全額の払込をしなければならない。そのため、取締役は、各社員に対して、払込取扱機関として定めた銀行（または信託会社）に払い込むように、あるいは、現物出資の目的財産の全部を給付するように、請求しなければならない（有限会社法一二条一項・二項）。さらに、取締役は、定款に次款で説明する現物出資と財産引受の変態設立事項（有限会社法七条）が定められているときは、遅滞なく検査役の選任を裁判所に請求しなければならない（有限会社法一二条ノ二第一項）。

3　現物出資・財産引受と調査

株式会社や有限会社の設立の際における出資は、現金をもってする金銭出資が一般的であるが、例外的に現物で出資することもできる。現物出資とは、土地・建物・機械・設備といった物や、物権・債権・特許権・商標権といった権利、さらには暖簾（のれん）やノウハウといった営業権や知識などを出資するものである。貸借対照表の資産の部に計上することができるものであれば、現物出資の対象とすることができる。

金銭出資の場合であっても、設立手続を経て会社が成立した後に、金銭で右に例示した財産を購入する必要が生ずることもありうるから、こういった財産を、現物出資の給付として、直接取得することも許容されるわけである。また、会社の目的によっては、事業を行うために特定の財産が必要とされるわけであるから、設立に際して、その特定の財産をあらかじめ確保しておくことが要請されることもある。

とりわけ、個人営業を株式会社や有限会社に転換する「法人成り」の場合には、従来の営業用の財産をそのまま現物出資すれば、新たに資金を調達しなくても会社を設立することができ、従来の営業主は、容易に全株式（全持分）を保有する株主（社員）となることができる。

ただし、現物出資については、財産の評価を公正に行うという問題が生ずる。例えば、実際には一千万円の価値しかないものを二千万円の価値があるものとして過大に評価して、その過大な価額に見合う分の株式を与えると、金銭で出資した者との間で不公平となり、なによりも、株式を水増し発行をしたことにより、一株当たりの価値も低下して、株主ばかりでなく、会社債権者も損害を受ける可能性がある。

そこで、現物出資に際して公正な評価が行われるように、その旨を定款に記載し（商法一六八条一項五号）、かつ、原則として、裁判所の選任する検査役が調査するという歯止めが設けられている（商法一七三条一項・一八一条一項）。

また、財産引受についても同様の規制が設けられている。財産引受とは、会社の設立に際して、発起人が、財産を会社が成立した後に譲り受けることを約束する契約を意味する。会社にとっては、設立後直ちに事業のために必要な財産を入手することができて便利なので、あらかじめ特定の財産を取得するための約束をすることが実務上行われる。商法は、この約束を財産引受として許容するが、無条件にこれを認めると、実際の財産の価値より高い代価を支払う約束がなされるおそれが生じかねない。この場合には、会社、株主、そして会社債権者にとって、現物出資と同様の被害をこうむるおそれがある。そこで、財産引受については、現物出資と同様の規制が課せられ、原則として、裁判所の選任する検査役の調査を受けなければならない（商法一六八条一項六号・一七三条一項・一八一条一項）。

このように設立経過を調査するために「裁判所の選任する検査役による調査」の制度が定められているのである。しかし、平成二年の商法改正で検査役の調査の制度について見直しがなされ、この検査役の調査を原則とするとともに（商法一七三条一項・一八一条一項）、三つの例外を認めることとなった。

4　検査役の調査の免除

(1)　概　説

平成二年の商法改正で、検査役の調査の省略が認められることとなったわけであるが、それにもかかわらず、なお現物出資等における財産の評価手続に対して、批判がなされてきた。その内容として、

①　検査役の選任・調査に相当の時間がかかり、しかも期間が不確定であるために、企業実務に無用な負担をかけていること、

②　営業の現物出資等の場合に、検査役の調査の期間中営業を停止しなければならないかどうか、解釈上、明確ではないこと、さらに、

③　検査役に選任される弁護士やこれを監督する立場の裁判所について、必ずしも財産評価に精通しているとは限らないので、適切な評価がなされるか疑念がある、

と指摘されている。

なお、平成二年商法改正で検査役の調査が認められるのは以下の三つの場合である。

すなわち、第一は現物出資・財産引受の目的財産が少額である場合の適用免除であって、「少額の免除」といわれる。内容は、現物出資または財産引受の目的である財産の定款に定めた価額が、資本の五分の一を超えずかつ、五百万円を超えないときに検査役の調査の免除が認められる（商法一七三条二項一号・一

八一条二項）。

第二は、現物出資または財産引受の目的である財産が取引所の相場のある有価証券（店頭取引の株式は含まれない）の場合には、定款に定めた価格がその相場を超えないときに例外が認められ、「有価証券の免除」といわれる（商法一七三条二項二号・一八一条二項）。

第三は、「不動産に関する免除」といわれており、現物出資または財産引受の目的である財産が不動産である場合には、それらに関する事項（商法一六八条一項五号・六号）が相当であることにつき弁護士の証明を受けたときは（その不動産につき不動産鑑定士の鑑定評価を受けなければならない）、不動産に関して検査役の調査が免除される（商法（平成一四年改正前）一七三条三項・一八一条二項）。

また、従来、規制の潜脱として用いられていた事後設立についても、検査役の調査が義務付けられた。したがって、事後設立については、株主総会の特別決議のほかに財産引受と同様な検査役の調査を受けなければならない（商法二四六条二項・三項）。

このような流れにそって、平成一四年改正商法（平成一四年法律四四号）では、現物出資・財産引受および事後設立の目的たる財産の価格の評価について、弁護士等の証明や不動産鑑定士の鑑定評価をもって裁判所の選任する検査役の調査に代えることを認めるに至った。

(2)　検査役の調査に代わる証明・鑑定評価

(a)　設立時における現物出資（商法一六八条一項五号）または財産引受（商法一六八条一項六号）の目的たる財産の価格等として定款に記載された事項が相当であることについて、弁護士、弁護士法人、公認会計士、監査法人、税理士または税理士法人の証明を受けた場合には、取締役は、検査役の選任を裁判所に請求する必要がないと定められた（商法一七三条二項三号）。ただし、目的物たる財産が不動産であるときは、その証明および不動産鑑定士の鑑定評価を受けることが要件である（商法一七三条二項三号括弧書）。

これは、従来からの裁判所の選任する検査役による調査と弁護士等による証明・鑑定評価とのいずれを選択するかを認めるものである。平成二年の商法改正によって、検査役の調査を受けたときは、現物出資者あるいは財産引受における譲渡人以外の者は、発起人および会社設立当時の取締役に課せられる目的物価格不足額塡補責任を負わないとされているので（商法一九二条ノ二第二項）、平成一四年改正で新設された検査役の調査の免除と発起人等の財産価格塡補責任の免除は選択的に適用されることになる。

証明者として、従来は弁護士だけとされていたが、平成一三年法律第四一号で弁護士法人が追加された。そして、平成一四年改正で、一挙に公認会計士、監査法人、税理士、税理士法人に拡大されたのである。公認会計士と税理士は会計専門家として同一に取り扱われることになり、従来のいわれのない税理士に対する差別が取り除かれることとなった。

(b)　評価者・鑑定評価者の欠格事由　　証明・鑑定評価についての公正性を保障するために欠格事由が定められている。

(イ)現物出資者または財産引受の場合の譲渡人（商法一七三条三項一号）、(ロ)発起人（商法一七三条三項二号）、(ハ)取締役または監査役（商法一七三条三項三号）、(ニ)業務の停止の処分を受け、その停止の期間を経過していない者（商法一七三条三項四号）、(ホ)弁護士法人、監査法人または税理士法人であって、その社員の中に(ニ)に掲げる者があるもの、またはその社員の半数以上が(イ)から(ハ)までに掲げる者のいずれかに該当するものは、証明および鑑定評価をすることができないものとされている（商法一七三条三項五号）。

(c)　取締役および監査役による調査　　取締役および監査役は、(イ)弁護士または弁護士法人等の証明（目的財産が不動産である場合には不動産鑑定士の鑑定評価の資料を含む）を記載または記録した資料のほか、(ロ)財産につき定款に定めた価格が相当であるかどうか、(ハ)会社の設立に際して発行する株式の総数の引受があったかどうか、および、(ロ)(ハ)の株式について払込および現物出資の給付があったかどうかを調査しなければならない（商法一七三条ノ二第一項）。

(d)　証明・鑑定評価に関する弁護士等の責任　　証明または鑑定評価をした者は、現物出資または財産引受の目的物である財産の会社成立時における実価が定款に定めた価格に著しく不足するときは、会社に対して連帯してその不足額を支払う義務を負う（商法一九七条・一九二条ノ二第一項）。ただし、その証明等をした者が証明等にあたって注意を怠らなかったことを証明した場合には義務を負わない（商法一九七条但書）。なお、発起人および取締役の会社設立における資本充実責任（商法一九二条一項・二項・一九二条ノ二第一項）は無過失責任であると解されているのとは異なり、本規定では、証明または鑑定評価を行った者の責任は過失責任とされている。

また、証明または鑑定評価をした者が虚偽の証明等をなし、第三者に損害を生じさせたときは、証明または鑑定評価をした者は、第三者に対しても連帯して損害賠償責任を負う（商法一九七条・一九三条二項）。ただし、証明または鑑定評価をした者の責任は過失責任とされており、その証明等をした者が証明等にあたって注意を怠らなかったことを証明した場合には義務を負わない（商法一九七条但書）。

(3)　事後設立と新株発行

事後設立については、従来どおり、裁判所の選任する検査役の調査が要求されるが（商法二四六条二項）、平成一四年の商法改正で、これまで詳説したのと同様に、裁判所の選任する検査役の調査に代えて弁護士等による証明・鑑定評価によることが許容されるようになった（商法二四六条三項）。また、新株発行における現物出資の場合にも同様の選択肢が認められることになった（商法二八〇条ノ八第二項）。このように平成一四年の商法改正によって、設立、事後設立、および新株発行に際する現物出資等の財産の評価について、同一の法規制がなされることとなった。

第二節　中小会社の定款の効力

1　定款と準組合法理

(1)　合同行為説の当否

従来、株式会社の設立手続を理論付ける合同行為説は、定款作成行為における株主（発起人）の社団形成という目的実現に対する同時並行的な行為の集積としての定款の成立を認めるので、会社と株主間における社員関係の法律関係の存在を説明することは可能である。しかし、設立における各株主の同一方向の法律行為の集積を認めつつも、株主（社員）相互間における法律関係の存在は否定する。

このように通説が金科玉条のように信奉している合同行為説は、果たして定款の作成およびその効力について正確に説明し得ているのであろうか疑念が残る。

中小会社を準組合と把握して、その株主（社員）相互間に契約関係の存在を認めるためには、会社における基本的な法律関係を定める定款において、その契約関係の存在が認められなければならない。従来、わが国における中小会社において、その内部関係における組合に準ずる法律関係の存在が等閑視されてきたのは、会社法学者の怠慢であるとともに、定款作成行為の法的性格を、社団形成のための株主の合同行為であるとかたくなに墨守してきた会社法学の通説にも、責任の一端があると思う。

この点を解明するには、近代株式会社制度がまさに資本主義制度の中核的支柱として整備されてきたイギリス会社法の立法経緯を参酌することが有意義であると思われる。イギリス近代株式会社法は、簡単に要約すると、組合に法人的特性ないし属性を漸次付与してきた歴史であり、その特質は現行法にも明確に刻印されている。現行の規定である一九八五年会社法一四条一項は、基本定款および通常定款は、それが登記されたとき、各株主が署名捺印し、かつ、そのすべての規定を遵守する旨の条項を記載した場合と同一の範囲において、会社および株主を拘束する、と定めている。

本条は、あたかも株主相互間で契約が締結されたかのように考えて、この契約に基づいて定款の契約としての拘束力を認めるものである。ただし、会社が株主と別個独立の法人格を有している以上、会社と株主間（社員関係）においても、契約としての法律関係が生ずるのは当然である。

このように定款の効力について契約法的な理論構成がとられ、準組合法理（quasi-partnership doctrine）が適用されているのは、総論で述べたように、イギリス近代株式会社法の沿革が、組合が法人的特性ないし属性を漸次獲得してきた歴史といえるのであり、株式会社法が現在においても依然として組合法的原理に多くを負っているからである。

(2)　株主間における定款の効力

会社の定款は契約としての効力を有していることについて(1)で説明をしたが、この契約効は会社と株主（社員）との間の社員関係だけではなく、定款上で締結される株主相互間の契約についても契約としての効力を持っている。

株主間の合意は、一般に英米法で shareholders' agreement と呼ばれている。アメリカでは、小規模で閉鎖的な株式会社（これを close corporation と呼んでいる）の附属定款（by-laws）において、その特質に応じて株主間で合意を取り決めているのが一般的である。そして、この定款の法的効力について早くから学説や判例の対象となり、研究がなされてきたのである。

その結果、閉鎖会社が株式会社制度として、大規模な公開会社とは異なる一つの分岐であることが確認された。そのうえで、株主間の附属定款における合意は契約としての効力を有し、会社関係の基礎を形成するものとして、法律実務で幅広く用いられるようになっている。

ところで我が国においては、このようなアメリカ法における閉鎖会社法理が一九七〇年代をピークに数多く紹介されながらも、小規模な閉鎖会社、すなわち本書における中小会社に関する独自の統一的な法理というものはいまだに未発達である。そのために、我が国では一般に市販されている定款の様式類について何らの疑念を抱くことなく、使用され続けている。アメリカでは、定款作成実務が先行しそれについての学説および判例が追随して、その有用性について法律判断を深めてきたのであるが、実務の発展のない我が国では、そのような形における学説や判例における研究の進展は遅々として進まない。

さて、英米法における研究成果から、定款で締結される株主間の合意は、大別して三つの類型に分けることができる。

第一は、株式の譲渡制限・相続制限およびそれに付随する買取請求権・補償請求権を設定するものである。第二は、会社の意思決定や業務執行の方法を規定するものである。第三は、会社の業務執行者について規定するものであり、特定の株主に取締役などの会社役員の地位を保障し、またはその任免権を授与したりするものである。

その他様々の内容の定款規定があり得るが、個別的にその有効性の判断が検討されている。より詳しくは、拙著「イギリス小規模会社の法構造」『企業承継法の研究』（信山社、平成六年、三五～一二六頁）を参照していただければ幸いである。

2　中小会社における定款変更

(1)　定款変更の決議

中小会社においては、定款で定める規定は株主相互間の契約を構成する。たとえば、株式の譲渡制限に付随して定められる補償条項は、定款の規定に挿入されることによって、株主相互間の契約としての効力を有することになる。

このように定款で定める条項を株主相互間の契約であると解すると、実定法規である定款変更の決議との関係が問題となる。我が国では、定款変更の決議は、一般に、総株主の議決権の過半数または定款に定める議決権数を有する株主が出席し、その議決権の三分の二以上に当たる多数を以ってこれをなす、という具合に規定している（商法三四三条一項）。定款変更の決議について、出席株主の議決権数の三分の二以上というように加重した決議要件が課せられており、容易に定款の変更ができないように定められているが、この要件をクリアできれば定款の変更が可能であるから、定款変更自体がまったく不可能であるというわけではない。そうすると、せっかく定款において株主の権利が保障されたとしても、後に定款が変更されてしまうと、その契約内容が無視されても株主は異議を述べることができなくなってしまうのである。

そのため、中小会社における定款の変更は、株主の権利を侵害する恐れがあるので、重大な関心を持たざるを得ない。特に、少数派株主の利益の保護のために定められている定款条項が変更されてしまうと、少数派に対する抑圧の手段となりかねず、多数派株主の横暴を防ぐためには、定款の変更をできる限り制約しなければならない場合も生ずる。

したがって、少数派株主の保護のため定款変更がなし得ないという制約は、中小会社における紛争の解決という見地からは、無視し得ざる論点であると思う。しかし、現在までのところ、この論点を明確に取り扱った邦語文献はほとんど存在せず、定款変更決議の瑕疵についても、いまだ十分に論じられていない。そこで、イギリス会社法を参考にして、この論点について論議してみたいと思う。

(2)　イギリス法における定款変更

イギリスにおいては、会社は、一般に、株主総会の特別決議によって通常定款を変更することができるが、その変更は、自然的正義（natural justice）に反したり、抑圧的（oppressive）であってはならず、会社および株主全体の利益において公正かつ正当（fair and just）なものでなければならない。換言すると、株主は定款の変更という権限を行使する際に、会社全体の利益のために善意（bona fide for the benefit of the company as a whole）で行為しなければならないのである。

反対に、定款の変更が少数派株主の利益を不当に侵害する方法で行われる場合、言い換えると、少数派株主に対する詐欺（fraud on the minority）となる場合には、少数派株主は、各自、定款変更を阻止しうることになる。しかし、定款変更を無効とする要件は、非常に抽象的に捉えられているために、果たして具体的事案において、定款の変更を無効とすることができるか否かは難しい問題である。

そこで、定款変更に関連して判例法で形成されてきた「会社の利益のために善意で」という法概念の意味するところを仔細に検討すると、これを主観的に解釈する立場と客観的に解釈する立場に分かれていることが明瞭となる。

一応多数説とされる学説は、「会社の利益のために善意で」という概念は、「株主は自己の忠実な意見に従って会社全体の利益であると信ずるところに基づいて行動しなければならない」と把握し、定款変更に賛成した株主の主観的判断で善意であれば足りると理解する。この学説の判断基準が株主の主観的な善意に置かれている理由は、会社の経営方針に関する決定が、裁判所の干渉により侵害されることがないように、という配慮にあると思われる。

そもそも定款の変更が公正であることを要求することは、多数派株主が自己の利益を追求するために、少数派株主の利益の犠牲において、株主総会における多数派という地位を濫用することに対して、裁判所に株主総会決定事項に介入し得る権限を与えるものであるが、判例のように主観的な判断基準を採用する限りは、裁判所がその役割を十分に果たすことはできないであろう。

したがって、定款変更の場合も可能な限り会社を組合に準じて取り扱うことが必要なのであり、「会社の利益のために善意で」という概念に代わる新たな判断基準が模索される必要がある。何故ならば、この概念を適用することは、「多数派の利益のために」というのと殆ど異ならないのであり、少数派株主の救済を拒絶するアリバイ以外の何物でもないからである。

主観説が多数であったが、他方で、客観的な解釈を採用することにより定款変更を無効とした判例も存在している。その判旨の中で、裁判官は、問題は定款の変更が本当に会社の利益になったか否かという点にあるとして、株主の善意が決定的な意味を持つという主観説の議論を斥けて、「多数派株主が自らの意のままに他の株主の財産を収奪し得る権能は、会社全体の利益になるとはいえないであろう。かような無制限の権能が会社の利益になるということは、多数派株主の利益と会社全体の利益とを混同しているように思われる」と結論している。

この判決は、定款変更が本当に会社全体の利益のためになされたものであるか否かを裁判所が判断できるとして、客観的解釈を採用したのであるが、ここで注意すべき点は、本事案で定款変更の目的となった事項は、多数派株主が少数派株主の持株を買い取ることを可能にさせる、というものであったことである。事案を多数派株主が少数派株主の持株を強制的に取得するという類型として整理することができるとしても、この類型の事案についてのみ客観的な判断基準が適用されると解することは、本判決の射程距離としては狭きに失すると思われる。

(3)　定款変更できない類型

そこで、本論である定款変更決議の可否について、どのように考えるべきであろうか。基本的には、定款変更によって定款の有する契約としての効力が消滅させられることを防御するルールを設定することであると答えたいと思う。定款は株主間の契約を構成するから、当事者に無断でその契約内容を変更することは好ましくない。しかし、契約締結時に存在していた事情が次第に変化してくると、契約内容の変更を認めざるを得ない場合も生じ得るであろう。定款における契約の内容は多数人間の合意によって定められているが、定款変更がまったくできないとすることまではなし得ないであろうと思われる。

そこで、定款の規定の性格によって、会社を継続していくために必要な基本的な取決めは、原則として、特段の事情がない限りは変更できないこととするとともに、逆に、それほど会社の継続にとって必要でない取決めは、通常の定款変更の手続で変更し得ると考えるのが、妥当であると思われる。

したがって、株式の譲渡の対価を定める補償条項や会社役員の地位を保証する規定は、株主、特に少数派株主の立場を根本的に変更せしめ、会社の性格をまったく異なるものとしてしまうので、原則として、不利益をこうむる当該株主の合意なき限り、定款変更をすることができないと解する。

第三章　株式・持分

第一節　譲渡制限と投下資本の回収

株式会社の社員としての地位は細分化された割合的単位の形をとり、株式といわれる。そして社員はこのような株式の所有者であるため、株主と呼ばれる。有限会社の社員の地位を持分といい、各社員はその有する出資口数に応じて持分を有する。

1　株式会社における投資の回収

株式会社の譲渡制限の趣旨は、会社にとって好ましくない者が株式の譲受人となって株主になることを阻止する点にあるが、他方で、株主のためには、株式を換価して投下資本を回収できる方途を保障しておくことが必要である。

確かに、株式の譲渡制限規定によって、会社にとって好ましくない人物として取締役会の承認を得ることができず、その結果として、会社への入社を阻止されたものは、株主となることはできないが、株主である譲渡人から対価を払って譲り受けた株式について、その株式が把握する価値（株式の価額）まで没収されるわけではない。譲渡制限規定によって会社に入社することができなくなる者に対して、株式の見返りに、その株式の価額に相当する金額が支払われなければならない。

株式の譲渡制限の仕組みは、まず、株式を譲渡した譲渡人が、その譲受人のために、当該株式の譲渡を承認するか、それとも承認しないときには、他の買受人を会社が指定するか請求するようになっている（譲受人から譲渡承認請求または買受人指定請求をすることもできる）。

会社の取締役会が当該株式の譲渡承認を承認したときは、譲受人が会社の株主となることができ、これで手続が終了する。他方で、会社の取締役会が承認しなかった場合は、株式の売買は、譲受人と会社が指定した買受人の間で成立することになる。両者が、株式の売買価格について合意すると、この場合にも手続が終了する。

ところが、この売買当事者間で、売買価格について折り合うことができない場合には、裁判所が当事者の請求により非訟手続で売買価格を決定することになっている。この決定を下すにあって、裁判所は、会社の資産の状態その他一切の事情を斟酌することが必要である。具体的に裁判所が如何なる事情を考慮に入れているかは、個々の判例でまちまちであり、一義的に明瞭になっていないのが現状である。

手続的には以下のように商法で規定されている。

(イ)　株式を譲渡した株主甲がその譲受人乙のために、会社に対して、書面をもって当該株式の譲渡を承認するか、それとも承認しない場合には、他の譲受人（買受人）を指定するように請求する（商法二〇四条ノ二第一項）。

(ロ)　会社は取締役会で、この請求を審議する。取締役会が承認すれば甲から乙への譲渡は成立し、乙が株式を譲り受けて、株主となることができる。これで手続は完了することになる。

(ハ)　これに反して、取締役会が、当該譲渡を承認しないときには、会社（具体的には代表取締役）は、譲渡承認請求のみの場合には、承認しない旨を請求の日から二週間以内に株主甲に通知する（商法二〇四条ノ二第四項）。

(ニ)　また、買受人の指定請求を伴う場合には、取締役会が別の買受人丙（会社の株主である必要はない）を指定して、その旨を請求の日から二週間以内に株主甲に通知する（商法二〇四条ノ二第五項）。

(ホ)　この場合には、株式の売買は、譲受人甲と会社が指定した買受人丙の間で成立することになる。そのため、丙は一〇日以内に甲に対してその株式の売渡を書面をもって請求することができ（商法二〇四条ノ三第一項）、この請求によって、甲丙間に売買契約が成立する。両者が売買価格について同意すると、この場合も手続が終了する。なお、平成六年の商法改正によって会社自体が買受人となることができるようになった（商法二〇四条ノ三ノ二）。

(ヘ)　甲丙間で売買価格について折り合わない場合には、甲又は丙は、二〇日以内に裁判所に売買価格の決定を請求することができる（商法二〇四条ノ四第一項）。裁判所はこの決定を下すにあたって、会社の資産状態その他一切の事情を斟酌して売買価格を決定することを要する（商法二〇四条ノ四第二項）。

(ト)　株式の移転は売買代金の支払いのときにその効力を生ずる（商法二〇四条ノ四第四項）。

(チ)　平成二年の商法改正で、株式の取得者（この設例では株式の譲受人である乙）による譲渡承認請求あるいは買受人指定請求を一般的に認めることになった。手続的には、取得者から会社に対し取得の承認を求め、会社がこの取得を承認しないときは他の買受人を指定する。そして、その後は譲渡の場合と同様の手続が買受人との間で進められることになる（商法二〇四条ノ五第一項）。

2　買取請求権の提案

前款では、株式の譲渡制限の場合における投下資本の回収について、その具体的な投下資本の回収方法を検討した。このような会社からの退出は、ほとんどの場合には、会社に内紛が生じたときに、少数派の株主が最後の手段として採用するものである。また、現行の規定における投下資本の回収の方法は、十分ではないという批判もある。中小会社の大多数は閉鎖的な同族会社であるので、その実態をみるならば、このような批判はあながち不当な主張であるとは言えない。

企業は、ゴーイング・コンサーンとしての価値をもっているのであり、企業を解体し各個の財産を売却した価額の寄せ集めに過ぎないわけではない。例えば、継続企業では、個々の営業財産の集積以上の価値を保有しており、これは超過収益力としての暖簾（営業権）の価額と考えられる。このような暖簾が正確に把握され、その対価の計算に含まれているか、若干の疑問なしとはしない。

さらに、最も重視しなければならないのは、会社の経営者の地位に伴う諸々の特典なり利益を考慮する必要があり得るという点である。会社の役員は、自己の持株に対する利益の配当だけでなく、役員として役員報酬を得ることができる。たとえ役員でなくても会社の従業員であるならば、従業員としての給与の支給を受けることができる。その他にも、役員や従業員であるとその職掌に応じて、自由な裁量によって使用し得る交際費も認められることもあって、その地位に伴う見返りは決して少額ではない。

そこで、このような実態を考えると、現行の株式の譲渡制限による対価は少なすぎるのであり、もっと高額の対価を認めても良いのではないかとも主張されている。すなわち、株主は他の株主に株式の買取りを請求でき、この買取請求権は、継続企業を前提とした対価を請求できると主張するものである。他方で、土地価格の高騰に鑑みると、株式の譲渡価額を縮減すべきであるという主張もなされている。

3　補償条項の有用性

多数派株主にとっても少数派の株主にとっても、納得できる株式の価額を算出する規定を定款で定めることが考えられる。これをドイツでは補償条項（Abfindungsklausel）と呼んでおり、予防法学的見地から幅広く利用されている。いったん補償条項が定められると、その定款の契約効からして、当事者を拘束することになる。補償条項の有用性は多大なものがあり、今後、このような補償条項を定款に挿入する実務が定着することが紛争の予防のために要望されている。詳しくは、拙著『中小会社法の研究』（信山社、平成九年）に収録されている論文、「社員・組合員の退社・脱退に伴う持分の払戻しと補償条項」（四一～六三頁）および「有限会社における社員の除名・退社と補償条項」（七三～九八頁）を参照されたい。

第二節　中小会社からの退社（自己株式・自己持分の取得）

1　自己株式の取得制限

(1)　取得制限の理由

会社法学の立場では、本来、会社は、原則として、自分の会社の株式（自己株式）を取得することを禁じられていた（商法（平成六年改正前）二一〇条・四八九条二号）。設立または新株発行の際に、会仕が自己株式を引き受けることは理論上当然に認められないが、有価証券としてすでに成立している株式を取得することは、それが自己株式であっても、理論上、取得することが不可能ではない。

しかし、自己株式の取得は、これを自由に認めると、自分の資本で自分の会社の株式を取得することとなり、株主に出資を払い戻したのと実質的に同様な結果（資本の空洞化）をもたらし会社の財産的基礎を危うくするほか、会社が株価操作をし、あるいは内部情報を利用して自己株式の投機を行って株主・投資家の利益を害し、さらには、取締役などの会社支配に利用される（自己株式については議決権を行使することができず、その分だけ議決権数が減少するので、株主総会で多数を占めるのに必要な株式数が減少する）等の弊害があるので、商法は政策的見地から自己株式の取得を禁止していた（鈴木竹雄＝竹内昭夫『会社法（第三版）』一七八頁、有斐閣）。

もっとも、弊害のないような場合には、例外的に自己株式の取得が許容されていた。平成六年商法改正前は、四つの例外が認められていた。それは、①株式の消却のためにするとき（商法（平成六年改正前）二一〇条一号）、②合併または他の会社の営業全部の譲受けによるとき（同二号）、③会社の権利の実行にあたりその目的を達するために必要なとき（同三号）、および④株主の株式買取請求権の行使に応ずるとき（同四号）、に認められていた。ただし、①の場合は株式を遅滞なく失効させなければならず、②③④の場合も相当の時期に（なるべく早く、かつ、有利な方法で）株式を処分しなければならなかった（商法（平成六年改正前）二一一条）。なお、自己株式の取得制限を潜脱するおそれがあるので、発行済株式総数の二〇分の一を超える株式を質権の目的として受けることも禁止されていた（商法（平成六年改正前）二一〇条後段）。

(2)　平成六年改正による取得緩和

自己株式の取得制限は、我が国では極めて厳しく、実際上、自己株式の取得はほとんどなされなかった。そこで、諸外国の会社法制の変更に鑑みて、経済界から自己株式の取得規制の緩和が繰り返し要望された。法制審議会商法部会（当時）は、平成四年春から自己株式の取得規制の見直しについて検討を進め、平成五年一月に法務省民事局参事官室は「自己株式の取得及び保有に関する問題点」を発表し、各界の意見を求めた。そして、寄せられた意見を参考にして審議を進め、平成六年二月、改正要綱案をまとめ、これを法文化した改正法案が平成六年六月二六日法律第六六号として成立した。

このうち本稿の対象である非公開会社に適用のある改正点は以下の二つである。

(a)　まず、株式の譲渡につき取締役会の承認を要する旨の定款の定め（商法二〇四条一項但書）がある場合において、株主からの株式の譲渡承認および買受人指定の請求があったときに、会社が自己を買受人に指定して売渡請求をしたときは、自己株式を取得することができるものとされた（商法（平成一三年改正前）二一〇条五号）。

(b)　また、株主の相続があったときは、会社は、株主総会の特別決議にもとづき、株主の相続人から相続によって取得した株式を、相続の開始後一年内に買い受けるために、自己株式を取得することができるものと定められた（商法（平成一三年改正前）二一〇条ノ三第一項・第三項）。この場合の株式の売買価格は、配当可能利益の範囲内であることを要する（同条ノ三第二項）。

この事由による自己株式の取得が認められる理由として、全国法人会総連合などが、相続税の納付対策として相続財産の大半が自社株式である場合などに、会社が公正な価格で自社株を引き取ることができるようにすることを提言していた。

なお、譲渡制限会社における自己抹式の取得は、前述の売渡請求の場合と相続の場合を合わせて、発行済株式総数の五分の一を限度とすることとされていた（商法（平成一三年改正前）二〇四条ノ三ノ二第七項・二一〇条ノ三第一項但書）。

有限会社の自己持分についても、非公開の株式会社と同様に、会社による売渡請求（有限会社法（平成一三年改正前）一九条六項）、および相続の際の買受け（同法二四条一項、商法（平成一三年改正前）二一〇条ノ三第一項・第二項）が認められていた。

(3)　平成六年商法改正の趣旨

平成六年改正によって、非公開会社で株主から株式の譲渡承認および買受人の指定請求があったときに、商法二〇四条ノ三ノ二第一項の新設によって、取締役会が会社自体を譲渡の相手方に指定することができることとした立法趣旨について、立法参画者は次のように説明していた。

「取締役会としては、請求があった場合に二週間以内に先買権者を探し出すことが困難なことがあり、そのときは、みすみす右の譲渡が会社にとって好ましくないと考えたとしても、右の譲渡を承認する結果を甘受せざるをえないこととなってしまう。そこで、このように、取締役会において譲渡を承認することを欲しないにもかかわらず、先買権者を期間内に探し出すことができないときは、右のような結果を避けるための緊急避難的な措置として、会社が自ら先買権者となることを認めるのが適当と考えられる。中小企業の立場から、このような自己株式の一時取得が認められれば、経営の安定を維持することができるとする意見も見受けられる。改正要綱は（改正法も同様）、このような拠旨から、取締役会を先買権者と指定して売渡請求をし、その結果、自己株式を取得することを認めたと考えられる」（前田庸「平成六年商法及び有限会社法の一部を改正する法律案要綱について〔下〕」商事法務一三四七号一一頁）。

この延長線上に株主の相続があった場合における会社の自己株式（自己持分）の取得が位置付けられることになる（商法（平成一三年改正前）二一〇条ノ三第一項）。前述の立法参画者は次のように説明していた。

「定款の定めにより株式の譲渡に取締役会の承認を要する会社において、株主が死亡して相続が開始された場合には、会社が相続人からその株式を譲り受けることが、会社と相続人との双方にとって都合のよいことがある。会社の立場からすれば、相続人の中に会社にとって好ましくない者が含まれている場合にそのような者が株主になることは避けたいはずであるし、そうでなくても、経営に関心のない者に株式が相続され、あるいは株式を相続する者が多数で株式が分散するようなことは、避けたいはずである。また、相続人の立場からしても、相続した株式を換価したいと欲することもあるが、買受人を探し出すことが困難であるときは、会社に買い取ってもらうことができれば好都合である。中小企業の立場から、相続税納付対策として、相続財産の大半が自社株式である場合には、自社株を売却せざるをえず、相続税の納付期限までに適当な買い手を見つけることは難しく、このような場合に会社が公正な価格で引き取ることができるようにすることを指摘している意見が見受けられる。改正要綱は（改正法も同様）、以上のような理由から株主の相続の場合の自己株式の取得を認めたと考えられる」（前田庸・前掲論文一七〜一八頁）。

なお、これらの場合の自己株式の取得は、会社と譲渡人または相続人との間の合意が基礎となっており、会社からの売渡請求権あるいは相続人からの買取請求権という形成権を認める趣旨ではない。

これまで検討してきたように、平成六年の商法および有限会社法の改正は、自己株式（自己持分）の取得規制の緩和の側面が強調されているが、他面において、商法（平成一三年改正前）二〇四条ノ三ノ二および同商法二一〇条ノ三で認められた自己株式（自己持分）の取得が、後述するように、株主（社員）の会社からの実質上の退社（Austritt）を許容したものであることは否定できないであろう。

2　平成一三年商法改正の位置付け

(1)　改正法の概要

前款で検討した非公開会社のみに適用される平成六年商法改正による新設条項は、平成一三年の改正商法（平成一三年法律七九号）により一部削除されることになった。譲渡制限株式についての商法二〇四条ノ三ノ二の規定は、原則として、そのまま存続することになったが、株主の相続の場合における商法二一〇条ノ三の規定は全文削除という取扱いになった。この取扱いは、自己株式の取得に関する中心的規定である商法二一〇条の全面改正と密接に関連している。

すなわち、譲渡制限会社における株式についての規定（商法二〇四条ノ三ノ二等）は原則としてそのまま存続するが、取得株式数の制限（発行済み株式総数の二割）の規定が削除されたため、今後は株式数には制限なく自己株式を取得できることになった。

また、中小企業経営者にとって最も関心がある企業承継に関する重要な規定であった商法二一〇条ノ三が削除されたが、株主の相続の際における自己株式の取得は、平成一三年改正による商法二一〇条の規定により、会社が株主の相続人から自己株式を取得できるように改められた。

そのため、取得限度二割の制約がなくなり、さらに、自己株式の取得のために要する決議も商法三四三条の特別決議から定時総会の普通決議で足りることになったので、より一層自己株式の取得が緩和されることとなった。なお、平成一三年改正で、会社は、取締役会の決議をもって、その保有する自己株式を消却することができる（商法二一二条）ことになりその処分が容易になった。

商法の改正に併せて、有限会社についても、自己持分の取得および保有規制の見直しがなされた（有限会社法二三条ノ二・二三条ノ三・二四条等）。また、有限会社においては、社員総会の特別決議（有限会社法四八条）により、会社が有する自己持分を消却することができるようになった（有限会社法二三条ノ三第一項）。

結局、商法旧（平成一三年改正前）二一〇条ノ三の規定の削除は、商法二一〇条の規定が自己株式取得の原則禁止から原則認容へと転換したために生じた規定の見直しであり、決して株主（社員）の相続の際の自己株式（自己持分）の取得について足枷をはめる意図のものではないと考えられる。ただし、相続税の納付期限が相続開始時から一〇カ月である（相続税法二七条一項）ので、自己株式の取得が毎年一回の定時総会に間に合わないときには、適切な租税計画を立てる必要があると思われる。

(2)　関連する税務上の取扱い

会社が自己株式・自己持分を相対取引で買い受けた場合、売却株主（社員）には、原則として、

「みなし配当課税」がなされる。任意消却（商法二一二条、有限会社法二三条ノ三）については、このように株主（社員）は、自己株式（自己持分）を売却した際に課税されるが、消却時には課税されない。株主の相続人から会社が株式・持分を取得する場合にも、通常の自己株式（自己持分）の取得と同様の課税関係になる。

3　株主（社員）の会社からの退社

私見では、会社による自己株式・自己持分の取得は、非公開会社においては、株主・社員の会社からの退社（Austritt）であって、そのように解することによって、商法（平成一三年改正前）二一〇条四項（現行の平成一四年改正商法二一〇条四項で条文が整理されているが、規制の内容は同一である）の規定の趣旨を容易に理解することができると思う。

平成一三年改正商法は、法定準備金につき、資本減少の場合と同様の債権者保護手続を要件とする法定準備金の減少手続を創設し、その結果生じた差額を自己株式取得の財源とすることを認めている（平成一三年商法二一〇条四項・現行平成一四年商法二一〇条四項一号）、と説明されている（相沢英之ほか編『一問一答・金庫株解禁等に伴う商法改正』五頁、商事法務研究会、平成一三年、一六頁）。岸田雅雄教授は、実質的には、一般的な配当可能財源の拡大と考えるが、法定準備金のうち、資本準備金減少額の分配は、「利益」配当ではなく、「出資返還」と考えるべきことを示唆されている（岸田雅雄『株式制度改革と金庫株』六五頁、中央経済社、平成一三年）。

これを私見のように、非公開会仕における社員の退社に伴う「出資の払戻し」と位置付けるならば、非公開会社を準組合と考える会社法理と理論的整合性を保つことができると考える。

第三節　中小会社における議決権制限株式

1　議決権制限株式の利用

株式会社は、定款の定めるところにより、株主権の内容が異なる数種の株式（種類株式ともいう）を発行することができる。そして、従来の実務においては、特に、非公開会社（定款で株式の譲渡につき取締役会の承認を要する旨の制限が定められた株式会社）と投資家との間で、役資家の利益を守るために、株主間契約（shareholders agreement）や投資契約の中で、合併ないし大量の新株発行等会社の重要な経営事項に関する決定の際に拒否権（veto）を設定したり、経営判断に投資家の意見を反映させるために取締役の選解任について取決めをする例が多くみられるが、このような株主間契約の有効性を明確にすべきである、という要望がなされていた。

平成一三年四月一八日、法務省民事局参事官室が公表した「商法等の一部を改正する法律案要綱中間試案」は、これらの点について、種類株式の内容および属性について定款で定めることができる範囲を拡大するという方法により実現しよう、と提案した（法務省民事局参事官室「商法等の一部を改正する法律案要綱中間試案の解説」第二の一（商事法務一五九三号六〜七頁））。

このような提案は、同族会社（family company）が大宗を占める非公開会社にとって極めて有益である。株主の「会社経宮の支配」が株主総会における取締役の選解任権の確保を意味するならば、議決権を株主に有利な方向で制限することができることは、まさに株主が会社経営を支配する法律上の有効な手段である。例えば、支配株主が議決権のある株式を保有し、経営に携わらない譲歩株主が議決権制限株式のみを保有している場合を想定すると、支配株主は取締役として容易に会社の経営権を確保することができる。他方で、譲歩株主は、会社の経営には携わらないとしても、定款の定めに従って、すなわち定款の株主間契約（shareholders' agreement）の有する契約効（contractual right）により、自己の利益を適切に保全することが可能になる。平成一三年改正商法（平成一三年法律一二八号）は、基本的に中間試案の提案を受け入れた。

2　平成一三年改正前の取扱い

平成一三年改正前の商法は、株式会社に対して、利益・利息の配当（中間配当を含む）、残余財産の分配または利益をもってする株式の消却について、内容の異なる株式を発行することを認めており（平成一三年法律七九号、商法（改正前）二二二条一項・二九三条ノ五第六項）、また利益の配当に関して優先的に取り扱われる種類の株式に限って、それにつき株主に議決権がないものとすることができる、と定めていた（同二四二条一項）。すなわち、平成一三年改正前の商法においては、無議決権株式は、利益配当につき優先する株式にのみ認められるものであり、かつ、議決権については、これを認めるか認めないかのいずれかであって、決議事項の一部につきこれを与え、他については与えないという株式は、認められていなかったのである。

平成一三年四月に公表された中間試案では、①株式会社が発行できる種類株式の内容を拡大し、利益もしくは利息の配当（中間配当を含む）、残余財産の分配、利益をもってする株式の消却または議決権の有無について内容の異なる数種の株式を発行することができるものとすること（第二の一）、ならびに、②議決権なき種類の株式を発行する場合においては、定款で、その株主が議決権を有することとなる条件または特定の事項につき議決権を行使できる旨を定めることができるものとすること（第二の三）、を提案していた。

その趣旨について、立法担当官は、議決権なき株式を利用した資金調達の円滑化を図ろうとするものであると説明するが（前掲「解説」第二の二の一）、前述したように、議決権制限株式は上場会社（公開会社）における資金調達の便宜だけでなく、非公開会社における「所有と経営の分離」を達成するためにも利用することができる。

例えば、長男のみが通常の普通株式を保有して、（代表）取締役として会社の経営を担当することとし、母親や他の兄弟姉妹は譲歩株主として無議決権株式（議決権制限株式）のみを保有し、会社が稼得した利益の分配のみにあずかるのが典型的事例である。非公開会社における「所有と経営の分離」は、株主相互間における会社の経営をめぐる紛争を回避する最も有効な手段である。このように議決権制限株式は、株式会社における株主相互間の内部紛争を予防する見地から、今後、広範囲に利用されるであろうと推測される。

3　平成一三年改正法の意義と内容

平成一三年改正商法（平成一三年法律一二八号）は、中間試案の提案を原則として引き継ぎ、同試案第二の一が「議決権の有無について」と規定していた箇所を「議決権ヲ行使スルコトヲ得べキ事項」と改めて立法化した（商法二二二条一項）。その意義は、議決権のない株式（完全無議決権株式）のみならず、決議事項の一部についてのみこれを認め、他については認めないという内容の株式（狭義の議決権制限株式）を許容することにある。

立法参画者である前田庸法制審議会会社法部会長（当時）は、次のように立法理由を解説している。「利益配当優先株式についてのみ、議決権のない株式としても必ずしも意味があるわけではなく、また利益配当についての普通株式も議決権制限株式とする実益があると考えられる。すなわち、現行法のもとで（平成一三年改正前）、議決権なき株式の存在理由として、利益配当に関して優先的取扱いが受けられればよく、議決権の行使には関心を有さない株主が存在することが挙げられていた。しかし、利益配当に関してごくわずかの優先的取扱い（たとえば、一株当たり一円の優先的取扱い）をすることにしても議決権なき株式とすることができる以上、議決権なき株式を利益配当優先株式に限定する意味は存在しないという批判もなされていた。そしてまた、普通株式についても議決権がないものとすることができれば、株式の発行価格が相対的に低くなるため、議決権行使に関心のない株主にとっては投資上有利になる。会社にとっては、利益配当優先株式でない株式についても議決権のないもの、または議決権制限株式とする必要性があり……また、定足数の充足、株主管理費用等の点で有利である。さらに、議決権については、たんにそれを有するか有しないかだけでなくある決議事項についてはこれを与え、他の事項についてはこれを与えないという種類の株式を認めても不都合ではなく、またそのような株式に対する実務界の需要も考えられる、たとえば、利益配当優先株式につき利益処分議案についてのみ議決権を認めるとか、組織変更に関する事項についてのみ議決権を認める等の議決権制限株式も考えられよう。」（前田庸「商法等の一部を改正する法律案要綱の解説〔上〕」商事法務一六〇六号七〜八頁）。

このように平成一三年改正商法（平成一三年法律一二八号）は、利益配当に関する普通株式についても無議決権株式にすることを認めた上で、さらに完全無議決権株式および狭義の議決権制限株式（両者をあわせて広義の議決権制限株式と呼ぶ）を種類株式の一種として取り扱うことにした。これに伴い、利益配当優先株式を前提に議決権の復活について定めていた商法（平成一三年改正前）二四二条は削除された。もっとも、いわゆる複数議決権株式、すなわち、たとえば一株につき五個の議決権を与えるという種類の株式は、改正法のもとでも許容されていない。

4　有限会社における取扱い

有限会社においては、昭和一三年の有限会社法の制定当時から、出資一口一議決権の原則の例外として、定款で議決権の数につき別段の定めをすることが認められており、複数議決権の定めをすることも可能とされていた（平成一三年法律一二八号改正前有限会社法三九条）。そこで、改正法のもとでは、さらに議決権制限持分が是認されることになり、有限会社法三九条一項は、「但シ定款ヲ以テ議決権ノ数又ハ議決権ヲ行使スルコトヲ得ベキ事項ニ付別段ノ定ヲ為スコトヲ妨ゲズ」と定めている。したがって、有限会社では、複数議決権持分と議決権制限持分の双方が認められることになると思われる（前田庸・前掲論文七頁）。

5　今後の課題

本節で取り扱った「議決権制限株式」は、立法関係者にとっては、本来、公開かつ上場株式会社を想定して立法化されたものであろう。落合誠一教授は、「株式会社は、公益を目的とする団体ではなく、稀少な資源を効率的に活用して新たな富を創造し、それを株主に分配することを基本目的とする企業（firm）であるから、会社法は、その基本目的に合致する法的ルールとして構成されなければならない。もっとも会社法のルールは、もとより万古不易のものではあり得ず、会社が置かれる経済的・社会的環境に適切に対応して行くことが求められる。そして環境変化に適合できない企業は市場から退出せざるを得ず、この点は、会社法のルールにおいても同様である。」と述べている（「会社法大改正のあり方」企業会計五四巻二号二六頁）。

本来的には公開会仕を念頭にして立法されたとしても、前述のように「議決権制限株式」を巧みに利用することによって、非公開会社においても、定款の規定により適切な内容の種類株式を設計して使用することができるのであり、株主間の利害関係に対応して今般の会社法の改正をうまく利用することが賢明な対策であろう。

しかしながら、大小会社区分立法が推進されていないことは極めて残念である。経済界の要望に応える形で連続して商法改正がなされているが、公開会社（上場会社）に関する改正は容易に取り上げられているとしても、非公開会社（閉鎖会仕）に関するものはほとんど顧みられていない。大小会社区分立法は次回の商法改正において最優先に実現されてしかるべきである。

現在、我が国の商事立法は、議員立法によって改正されるものと、法制審議会会社法部会の要綱案を法制化して政府提出法案として立法化されるものとに二分されていると言ってよいであろうが、本来、立法権は国会（議会）にあるから、議員立法による商法改正が推奨されることが憲法上からも好ましいであろう。

また、法制審議会会社法部会による商法改正は、立法過程における情報がごく一部の参画者のみに集中する点で好ましくない。今後は議員の立法能力が拡充し、かつ、議院のスタッフの協力も充実し、議員立法による商事立法が期待される。

第四章　中小会社における業務運営の実態

第一節　手続規定の不遵守と準組合法理

1　概　説

(1)　手続規定の不遵守

我が国における中小会社は、ほとんど株式会社または有限会社という会社形態を採用していることは周知の事実である。それゆえに、商法または有限会社法の規定に従うならば、株式会社（有限会社）の基本的運営は、会社の最高意思決定機関である株主総会（社員総会）および業務運営の機関である取締役会（取締役）を通じて行われる必要がある。しかし、中小会社では、この会社法の定める株主総会や取締役会が開催されないまま、会社の業務運営がなされている場合が極めて多い、と法曹関係者によってしばしば指摘されている（ここでは株式会社を想定して考察を進め有限会社については必要な限りで言及するに止める）。また、通常の場合には、株主総会や取締役会が開催されなくても、株主や取締役がこの点についてなんら異議を述べない限り会社は支障なくスムーズに運営されているとも指摘されている。

このような事態をとらえて、株式会社形態の濫用あるいは形骸化として非難されて長い時間が経過する。多くの商法学者は、商法会社編（有限会社法）の定める正規の手続規定を履行しない限り、会社の意思決定が存在せず、会社の業務執行もなし得ないと長い間主張していたのである。このような見解は、法律の文言に忠実であるという点では一見正しいと思われるのであるが、中小会社の現実の運営について些か理解が不十分であると思われる。

なぜならば、中小会社にあっては、株主数が少なく、かつ、株主が同時に取締役に就任する場合がまれでなく、いわゆる「所有」と「経営」が実質的に一致しているから、所有と経営が分離した典型的な大規模上場株式会社を念頭において規定された株主総会や取締役会に関する厳格な手続を遵守すべき旨を要求することは、株主の全員が何らかの形で会社の意思決定に直接参加している限り、各株主の利益は十分に保護されており、屋上屋を架するきらいがあって不必要と思われるからである。

したがって、通常、株主総会や取締役会の形骸化といわれていることは多くの場合には、法定の手続が懈怠されているというよりも会社内部の実質的な関係を反映して、不必要と思える過重な手続規定が省略されているだけであると考えられる。例えば民法上の組合では、任意の決議方法を採用できるが、中小会社もその内部関係が組合に類似しているため、会社法の要求する厳格な決議方法・手続が遵守されず、任意の決議方法が採用されていることが多いと想像される。そして、このような正規の手続を欠く決議が法律上有効であるか、無効であるかの法律問題は、当該決議に関与した株主なり取締役が会社の支配権を奪われたり、あるいは会社が倒産して清算されるような事態になって初めて問題とされるようになるのである。

(2)　正規の手続を欠く決議の効力

このように中小会社においては、実際上、株主が同時に取締役であることが多いから、株主総会と取締役会との区別、および権限の分配が明確にされていないきらいがあり、それがひいては、会社法または定款の定める正規の手続によらないで会社の業務執行がなされる事態を招くことになる。では、このような正規の手続によらない決議は、はたして法律上有効であるのか、それとも無効であるのか。

一般に、会社の業務運営が正規の手続に則っていないが、当該決議に関して議決権ある株主の全員が同意している場合、正規の手続が履行されていないことだけを理由として、その行為の法的効力を否定することは妥当ではないと思われる。言い換えると、「議決権ある株主全員による合意は会社を拘束する効力がある」と表現できるであろう。そして、当該行為が株主総会決議事項であれば株主総会の決議があったことになり、また、取締役会決議事項であれば取締役会の決議があったこととして、会社の業務運営が行われることになる。

この「議決権ある株主全員による合意事項は会社を拘束する」というテーゼは、中小会社について、その内部関係を組合に準じて意思決定や業務運営をすることを認めるものである、ということができる。私見では、その意味で、中小会社は準組合（quasi-partnership）であると考えている。

結局、中小会社の実態が組合と異ならないのであれば、大規模な公開（上場）株式会社に要求される手続を厳格に要求することは、その力量および能力からして中小会社に無理を強いるきらいがある。そのため、会社法の改正により、中小会社の業務運営の簡素化をすみやかに実現することが期待されている。

(3)　中小会社と準組合法理

正規の手続を欠く決議や取引が、議決権のある株主全員の合意があると法律上有効な決議や取引として救済されるのは、会社法の理論として、準組合法理（quasi-partnership doctrine）を採用するからである。何度も繰り返し述べているが、このような問題の解決における準組合法理の役割について再度確認しておく。

会社法学の通説は、今日においても大規模公開会社についても、また中小非公開会社についても、株式会社を「営利社団法人」と性格付けており、株式会社における法律関係を「社団法理」で規律しようとしている（商法五二条一項・五四条一項）。社団法理とは、ごく簡単に述べると根本に「社員権理論」を据えて、会社における法律関係を単純に会社と社員（株主）間の社員関係として整序する会社法学説である。この社団法理は、大規模な公開株式会社における法律関係を処理するためには極めて適切な法理論ではあるが、中小会社について社団法理を適用しても、問題となっている紛争を適切に処理することができない場合がしばしばある。柔軟な発想ができる研究者にとっては極めて単純に理解することができるが、中小会社のほとんどは法社会学的実態から見て、社団ではないということである。

むしろ、何度も述べているが、中小会社の実態を組合と把握するほうが妥当である場合が多い。しかし、単純な組合法理そのものの適用ではない点に注意すべきである。商法六八条は、合名会社について、「会社の内部関係については定款または本法に別段の定めなきときは組合に関する民法の規定を準用する」旨を定めているが、商法五二条一項（社団性の規定）の存在を前提にして、後に続く商法六八条の趣旨を正確に読解するならば、商法六八条の規定は、単純な民法上の組合法理ではなく、準組合法理（quasi-partnership doctrine）の適用を定めるものと解釈される。商法五四条一項の規定する「会社の法人性」に照らしても、商法六八条が単純な組合法理の適用を示唆しているとは解しがたいのである。

それでは、単純な組合法理と準組合法理の相違点はどこにあるのであろうか。単純な組合法理では、民法の組合と同様に、株主（組合員）相互間にのみ法律関係を認めるだけであり、会社と株主（組合員）間の法律関係（社員関係）の存在は認められない。これと異なって、準組合法理は、会社と株主（社員）間に社員関係として法律関係を認めるとともに株主（社員）相互間においても法律関係の存在を認めるという会社法理論である。

準組合法理は、中小会社の内部関係の処理（たとえば株主間の内紛の解決）のため是非必要であるが、それは株主相互間に法律関係（契約関係）が存在することを肯定するためである。

これに対して、社団法理は、多数の株主を擁する株式会社の法律問題を処理するには都合がよいが、その枠からはみ出した中小会社における株主間の法律問題を処理することにはまったく適していない。したがって、中小会社、とりわけ同族会社における社員間の紛争を処理するためには、どうしても、株主相互間に契約関係が存在すること、すなわち準組合法理を適用することが必要となる。

2　全員出席総会の決議の効力

(1)　中小会社の株主総会

中小会社が株式会社形態を採用している以上、商法会社編の規定（五二条ないし四九九条）を遵守しなければならないことは当然である。そして、株式会社における最高意思決定機関は株主総会である。中小会社であっても、決算の承認のために、毎年一回、定時総会の開催が義務付けられており（商法二三四条一項）、省略することはできない。しかし、多くの中小会社では現実には正規の株主総会が開催されていないことは、周知の事実である。そのため、このような中小会社については、法律の規定の趣旨に反しない限り、特別の取扱いが認められるように、裁判所は腐心をしている。

さて、商法の規定に従うと、株主総会は、取締役会の決定に基づいて、代表取締役が招集する（商法二三一条）。そして株主総会を招集するには、各株主に対して、原則として、会日の二週間前に招集通知を出さなければならない（商法二三二条一項）。この招集通知は書面でなければならず、原則として会議の目的たる事項（議題）が記載される（同条三項）。したがって、株主は、あらかじめ会議の目的を知ることができその準備の機会が与えられているわけである。

この招集手続に瑕疵があると、株主総会決議取消の訴えの事由となり（商法二四七条一項一号）、瑕疵がはなはだしく会議がなされた形跡がない場合には、株主総会決議不存在確認の訴えの事由となる（商法二五二条）。先に述べたように、中小会社では、招集手続を履行して開催される株主総会は極めて少なく、多くの場合には、招集手続に瑕疵があるので、一部の株主だけで決定した事項は、法律上、株主総会決議としての効力を有しない。そのため、決議不存在確認の訴えがしばしば提起されており、不存在と判断された裁判例も多数ある。

(2)　全員出席総会の事案

株主総会事項について、議決権のある株主全員の合意があると、株主総会決議があったと解してもよいと述べたが、最高裁判決として最二小昭和六〇年一二月二〇日民集三九巻八号一八六九頁（判時一一八〇号一三〇頁、判タ五八三号六八頁）がある。事実の概要は以下のようなものである。

X会社（原告・控訴人・被上告人）は、タクシー営業を目的として昭和四七年二月三日に設立された資本金八〇〇万円、株主数一〇名の株式会社である。設立に際しY（被告・被控訴人・上告人）が代表取締役に、訴外Aら五名が取締役に就任したが、昭和四八年二月三日に最初の任期が満了し、その後、株主総会で後任者が選出されないまま、それぞれYが代表取締役の権利義務を、Aら五名が取締役の権利義務を、後任者が就任するまで有することとなった。

X会社は、昭和五〇年六月、Yとの間でY所有の土地建物（本件土地建物）について、賃料を月額三八万円、期間を同月から昭和五一年五月三一日まで、敷金を八〇万円とする賃貸借契約を締結し、Yに敷金八〇万円を支払い、本件土地建物の引渡しを受けた。

昭和五〇年八月一一日、Aは取締役会を招集し、Yが会社の信用および社会的信頼関係を失墜させたとして、代表取締役から解任し、Aを新たに代表取締役に選任する旨を決議し、同日その旨の登記がなされた。

昭和五一年六月一日、Aは、X会社を代表して、Yとの間で右賃貸借契約を合意解約したうえ、Yに対し本件土地建物を明け渡し、同年七月二六日ごろYに到達した書面をもって敷金を返還すべき旨の催告をした。しかし、Yがこれに応じなかったので、AはX会社を代表して、右敷金の返還を求めて提訴した。

第一審係属中の昭和五六年五月三一日、Aは、役員選任決議等を会議の目的たる事項と定めてX会社の株主総会（本件株主総会）を招集したが、右決議の目的たる事項を了知して委任状を作成し、これに基づいて選任された代理人を出席させた株主も含め、X会社の株主一〇名全員がその開催に同意して出席し（Yは本人が出席）、会議が開かれた。本件株主総会において、Aらを取締役に選任する旨の決議がなされ、その後、選任された取締役により構成された取締役会で、Aを代表取締役に選任する旨の決議がなされた。その後、昭和五八年三月一九日開催された取締役会において、Aによる合意解約および敷金返還の催告を追認する旨の決議がなされ、三月二二日X会社がYに対して右追認の意思表示をなした。

(3)　裁判所の判断

第一審（広島地福山支判昭和五七年八月二〇日）では、X会社が敗訴した。しかし、原審（広島高判昭和五八年八月三〇日）は、昭和五〇年八月一一日の取締役会決議を無効であるとしつつも、昭和五六年五月三一日の本件株主総会はいわゆる全員出席総会として有効であると認め、したがって、その後のAの代表取締役の就任も有効とする。さらに、その後の取締役会における賃貸借契約の合意解約および敷金返還請求の催告の追認も有効であり、のみならず、YがA会社の代表権を有しないことを理由に敷金の返還を拒否することは、信義則に反し許されない、と判示してXの請求を認容した。Yは商法二三一条・二三二条の解釈の誤りなどを主張して上告した。

Yの上告について、最高裁判所第二小法廷は、以下のように判示して、上告を棄却した。「商法が、二三一条以下の規定により、株主総会を招集するためには招集権者による招集の手続きを経ることが必要であるとしている趣旨は、全株主に対し、会議体としての期間である株主総会の開催と会議の目的たる事項を知らせることによって、これに対する出席の機会を与えるとともに、その議事および議決に参加するための準備の機会を与えることを目的とするものであるから、招集権者による株主総会の招集の手続きを欠く場合であっても、株主全員がその開催に同意して出席したいわゆる全員出席総会において、株主総会の権限に属する事項につき決議したときには、右決議は有効に成立するものというべきであり（最高裁昭和四三年(オ)第八二六号同四六年六月二四日第一小法廷判決・民集二五巻四号五九六頁参照）、また、株主の作成にかかる委任状に基づいて選任された代理人が出席することにより株主全員が出席したこととなる右総会において決議がされたときには、右株主が会議の目的たる事項を了知して委任状を作成したものであり、かつ、当該決議が右決議の目的たる事項の範囲内のものである限り、右決義は、有効に成立するものと解すべきである」。

(4)　判決の検討

中小会社の株主総会において、法定の手続を欠く場合であっても株主全員が集まり、総会を開催することに同意したいわゆる全員出席総会の決議について、裁判所は次第にその効力を肯定するようになった。

すなわち、最高裁判所は株主が一人の一人会社につき、既に「その一人の株主が出席すればそれで株主総会は成立し、招集の手続きを要しない」と判示していた（最判昭和四六年六月二四日民集二四巻四号五九六頁）。本判決では、複数の株主の存在する株式会社についても全員出席総会が肯定されることを明確にした点で意義がある。

また、現在では、全員出席総会の効力を肯定する学説が通説となっている（鈴木＝竹内『会社法〔第三版〕』一二八頁、大隅＝今井『新版会社法論中巻①』一二頁、田中（誠）『再全訂会社法詳論上巻』四九九頁、前田（重）『新版注釈会社法五』三五頁）。その理由として、招集手続の規定は、株主全員に出席の機会と準備の余裕を与えようとする趣旨であるから、全株主がその利益を放棄して総会の開催に同意した以上、有効な総会の成立を認めて差し支えない、と主張されている。

この結果、現在においては判例・通説上、全員出席総会が株主総会として是認されるに至っており、会社の全株主が出席し、かつ、その出席株主全員が総会の開催に同意した場合には、たとえ招集権者による招集がない場合でも、あるいは法定の招集手続に従っていない場合であっても、右株主の招集は全員出席総会たる株主総会として有効に成立することになる（前田（重）・新注会五巻三五頁）。私の提唱するテーゼでは、「議決権のある株主全員による合意事項は会社を拘束する」のである。

なお、有限会社法三八条は、「総会ハ総社員ノ同意アルトキハ招集ノ手続ヲ経ズシテ之ヲ開クコトヲ得」として、招集手続の省略について規定している。有限会社では、招集手続の省略は、法律上当然のこととして認められているのであり、この趣旨が、中小会社においても、全員出席総会として判例で認められたといえる。

そして、ついに平成一四年の改正によって、株主総会においても招集手続の省略が商法上明文で規定されるに至った。すなわち、商法二三六条は「総会ハ其ノ総会ニ於テ議決権ヲ行使スルコトヲ得ベキ全テノ株主ノ同意アルトキハ招集ノ手続ヲ経ズシテ之ヲ開クコトヲ得」と規定している。この規定は、実際上、中小会社の株主総会についてのみ適用されるであろう。

3　株主全員の合意の効力

(1)　商法二六五条と取締役会の承認

中小会社の取締役と会社が取引することは、しばしば生ずることである。例えば、会社の必要とする物品を取締役が保有している場合、会社としては、他人から購入するよりも当該取締役から譲り受ける方が、手間が省けて便宜と言える。また、取締役が金融機関から融資を受ける場合において、会社が保証することもしばしば見受けられることである。他方で、これら会社と取締役の取引は、取締役の有利に取り決められ、会社の不利益となるおそれが多分にある。そうすると、当該取締役以外の株主は、会社のこうむった損害を間接的に背負い込むことになるので、事態を座視し得ない。このような不利益の発生を予防するために、商法二六五条は、取締役・会社間の利益相反取引について規定を設けている。

そこで商法二六五条は、取締役が会社と利益が相反する取引（直接取引と間接取引を含む）をするときには、取締役は会社の取締役の承認を受けなければならないと定め、取締役会の承認のない取引は法律上無効となるとともに、取締役は会社がこうむった損害につき賠償する責めを負うと定めている（商法二六五条・二六六条一項四号・五号）。

商法二六五条に定める取締役会の承認は、中小会社の場合には、オーナー株主兼取締役のことが多いので、この承認手続がとかく忘れられがちとなり、後日になって紛争が生ずる事例が後を絶たない。当事者の心理を付度するならば取締役が意図的に承認手続の履行を怠ることは極めてまれであって、ワンマン経営のためうっかり失念してしまうのがほとんどの場合であろう。さらに、承認手続が履行されていないとしても、株主が会社と取締役間の取引によってなんらの損害も受けず、むしろ、その取引の実現を望んでいる場合もある。そのため、取締役会の承認を欠く利益相反取引は、事後的に取締役会が追認して、法律上、有効な取引とすることができると解されている。

このような論理を進めていくと、取締役会の段階を越えて、株主総会において追認決議をなすことができることを否定すべきではない。ただし、この場合にも全員出席総会に関する最高裁判決の趣旨が生かされるべきであって、その結果、株主全員の合意がある取引は、商法二六五条で定める取締役会の承認という手続を履践していないとしても、法律上、有効な取引とみなされると解する。

(2)　商法二六五条と最高裁判決

わが国の最高裁判決もこのような見解を採用していると思われる。判例は、まず、一人会社の唯一の株主である取締役が会社と取引する場合、利益相反関係がないので、取締役会の承認は必要ない旨を判示した（最判昭和四五年八月二〇日民集二四巻九号一三〇五頁）。続いて、株主全員の同意がある場合に、取締役会の承認の省略を認めるに至った。すなわち最高裁判所は、実質上の株主全員による株式の譲渡について「このように株主全員の合意がある以上、別に取締役会の承認を要しないことは、会社の利益保護を目的とする商法二六五条の立法趣旨に照らし当然であって、右譲渡の効力を否定することは許されないものといわなければならない」と判示している（最判昭和四九年九月二六日民集二八巻六号一三〇六頁）。

このような解釈は、中小会社の内部関係を組合に準じたものであると考えることによって、理論上、当然に導き出すことができる。株主全員の合意は準組合（quasi-partnership）の意思決定としての効果を有する。すなわち、株主は準組合の社員としての資格で、株式会社（準組合）の業務執行に当たることができ、株主全員の合意は準組合の意思決定としての効果を有する。もちろん、株式会社（有限会社）という会社形態を採用している以上、株主（社員）と取締役とでは、その会社組織上の役割も異なり、株主の合意すなわち取締役会の承認とすることには、株主総会決議があったとみなすことよりは、いささか、疑念の残るところである。例えば、学説では、株主全員の同意をもって取締役会の承認に変えることができる旨を肯定する説と否定する説とに対立している、と指摘されている（本間『新版注釈会社法六』二四九頁）。

しかし、最高裁判所は、商法二六五条の解釈として、中小会社の実態に応じた法律判断をしているのであって、私見では、この解釈の方向は好ましいと思っている。なお、最高裁判所のような解釈をした場合には、会社債権者または取引の後に株式を取得する者の利益を害する結果となる恐れがあるという問題点が指摘されている（竹内昭夫『判例商法二』二六六頁、服部栄三・民商六四巻六号一〇七九頁）。しかし、そのような疑念が生じ、紛争を惹起することを防ぐために、最高裁判所は株主全員の合意をもって取締役会の承認があった場合と同様にみなして紛争の発生を予防していると思われる。

(3)　株主・社員全員の承認による株式・持分の譲渡の効力

次の最高裁判決の類型は、株式および持分の譲渡制限にも係わるものである。まず、一人会社の承認による譲渡制限株式の譲渡の効力である。最高裁は平成五年三月三〇日判決で、「商法二〇四条一項但書が、株式の譲渡につき定款を持って取締役会の承認を要する旨を定めることを妨げないと規定している趣旨は、専ら会社にとって好ましくない者が株主となることを防止し、もって譲渡人以外の株主の利益を保護することにあると解される（最高裁判所昭和四七年(オ)第九一号同四八年六月一五日第二小法廷判決・民集二七巻六号七〇〇頁参照）から、本件のようないわゆる一人会社の株主がその保有する株式を他に譲渡した場合には、定款所定の取締役会の承認がなくても、その譲渡は、会社に対する関係においても有効と解するのが相当である」旨を判示した（民集四七巻四号三四三頁）。

次いで、有限会社の社員全員の承認のもとになされた持分の譲渡の効力について、最高裁は平成九年三月二七日、「有限会社法一九条二項が、社員がその持分を社員でない者に譲渡しようとする場合に社員総会の承認を要するものと規定している趣旨は、専ら会社にとって好ましくない者が社員となることを防止し、もって譲渡人以外の社員の利益を保護するところにあると解されるから、有限会社の社員がその持分を社員でない者に対して譲渡した場合において、右譲渡人以外の社員全員がこれを承認していたときは、右譲渡は、社員総会の承認がなくても、譲渡当事者以外の者に対する関係においても有効と解するのが相当である」と判示した（判例時報一六〇二号一四〇頁）。

この二つの最高裁判決は、商法二〇四条一項但書に定める取締役会の承認および有限会社法一九条二項に定める社員総会の承認に係わるものであるが、原則として、会社の所有者であり、かつ支配者である株主（社員）全員の合意がある場合には、法律（商法または有限会社法）で定める正規の手続に則っていないことだけを理由として、その法的効力を否定することは妥当ではないと思われる。幾度も繰り返すが、「当該決議または当該取引に関して議決権のある株主（社員）全員による合意事項は会社を拘束する」と解される。

したがって、この場合には、取締役会の決定事項である商法二〇四条一項但書の定める決定があったと考えてもよいし、また、社員総会の承認事項である有限会社法一九条二項の承認があったと考えてもよいのである。そのため、最高裁の二つの判決は、事実において、取締役会の承認あるいは社員総会の承認がないとする点で疑念が残る余地があるが、結論については誤りがなく賛成する。

私が提唱する準組合法理（quasi-partnership doctrine）は、中小会社の内部関係の処理（たとえば株主間の内紛の解決）に適しているが、それは株主相互間に法律関係（契約関係）が存在することを肯定するからである。そして、その鍵となるテーゼは、「議決権のある株主全員による合意事項は会社を拘束する」というものであり、わが国の中小会社に関する裁判例においても着実に定着しつつある。

第五章　中小会社における取締役・監査役

第一節　非公開株式会社における機関の概略

1　取締役の地位

(1)　所有と経営の一致

非公開の株式会社の業務執行について考慮すべき重要な点は、これらの会社において所有と経営の分離がなされておらず、通常、大株主が（代表）取締役として会社経営の任に当たっていることである。すなわち、公開株式会社における所有と経営の分離に対して、中小会社においては、所有と経営の一致という特色が見られる。

典型的な株式会社、とりわけ株式を証券取引所に上場している公開株式会社においては、本来、会社の実質上の所有者は出資者である株主であるが、多数の株主が存在する場合には、それらの多数の株主が自ら会社の経営に当たるのでは、機動的な経営を行うことを期待することはほとんどできない。また、広く大衆から投資してもらうためには、会社経営についてなんら関心や知識を持っていない一般株主を経営の重責から解放することも必要になる。

そこで商法の規定では、株主は、株主総会を通じて会社の最高意思決定に参加するが、会社の業務執行は、専門の経営者である取締役にゆだねるとともに、業務執行機関を、意思決定機関である取締役会と代表・執行機関である代表取締役とに分化して、さらに監督機関として監査役をおくという構成をとっている。このように商法上の株式会社の機関は、所有と経営の分離および機関相互の分化と権限分配を特徴としている。

しかし、中小会社では、大株主が（代表）取締役に就任する場合がほとんどであって、このような所有と経営の分離という現象は、一般には存在していない。したがって、本来であれば簡素化された業務執行機関が樹立されるべきである。たとえば、有限会社のように、原則として一人の取締役が業務執行権限を持つことも考えられる。もちろん、この場合においても、株式会社の基本的特質は維持されるべきであるから、株式会社と株主・役員は法律上別個の存在であり、会社の債務について、株主や役員が当然に責任を負う必要はなく、株主については、有限責任が認められる（商法二〇〇条一項）。

しかしながら、このような所有と経営の一致した株式会社が広範囲に存在しているにもかかわらず、中小会社の実態に即した会社機関制度の構築はいまだ実現していない。商法における大小会社区分立法も頓挫したままであるようだ。そのため、商法の取締役に関する規定は、中小会社にも適用があるものとして遵守される必要がある。

(2)　取締役の員数・資格

株式会社では三名以上の取締役が必要である（商法二五五条）。また、取締役は、その職務から見て自然人に限られる。広く取締役としての適任者を選任できるようにするため、定款をもってしても、取締役の資格を株主に限定すること、例えば、一定数以上の「資格株」の保有を要件とすることは、商法上許されていない（商法二五四条二項）。もっとも、実際上は、株主を取締役に選任することは差し支えないとされている。この点について、取締役を株主に限ることは、小株主を法的に取締役から締め出す弊害がある、と理由付けされているが、株式会社は、本来、資本の論理が強く働く団体であるから、取締役が株主であることを義務付けることは許されるべきではないかと思われる。とりわけ、同族会社においては、株主でない取締役の存在は考えることはできないであろう。その意味では、本規定については、合理的な根拠を見出すことができないのであり、できる限り早く削除すべきではないかと思われる。本規定は、昭和二五年改正で追加されたものであり、占領政策の遺物であると指摘できる。

さらに、次の欠格事由に該当する者は取締役になることはできない（商法二五四条ノ二）。

①　成年被後見人または被保佐人（一号）。

②　破産宣告を受け復権していない者（二号）。

③　商法、商法特例法、有限会社法または中間法人法上の罪により刑に処され、その執行を終わった日または執行を受けることがなくなった日から、二年を経過していない者（三号）。

④ 前記以外の罪により禁錮以上の刑に処され、その執行を終わるまでまたはその執行を受けることがなくなるまでの者。ただし執行猶予中の者は除く（四号）。

(3) 取締役の選任・任期・退任

取締役は、株主総会の普通決議によって選任される（商法二五四条一項）。他の普通決議事項と異なり、定款をもってしても、その定足数を総株主の議決権の三分の一よりも少なくすることはできない（商法二五六条ノ二）。これは、取締役の地位の重要性を考えて、決議の要件をある程度（特別決議ほどではないが）厳重にしたものである、と説明されている。通常、株主総会の定足数は定款の規定によって排除されうるが（商法二三九条一項）、取締役の選任のためには定款で別段の定めをしたとしても制約があるので株主の委任状を集めることが欠かせない。

取締役を選任し、被選任者がこれを承諾するときは、当然に取締役に就任することとなり、代表取締役と被選任者との間の別段の任用契約を締結する必要はないが、その氏名を登記しなければならない（商法一八八条二項七号）。

なお、商法は、少数派株主の保護のために、累積投票制度を定めている（商法二五六条ノ三）。しかし、この一種の比例代表的な制度である累積投票は、取締役会に株主間の対立が持ち込まれて経営が不安定になる恐れがあるので、実際には、大部分の会社では定款で累積投票制度を排除している。

取締役の任期は二年を越えられないが（商法二五六条一項）、その範囲内であれば任意に定めることができる。

また、設立手続による最初の取締役は、できるだけ早い時期に株主総会の信任を受けさせるため、その任期は、一年以内とされている（商法二五六条二項）。決算期後に任期が満了した場合に改選のためだけに総会を招集する不便を避けるため、定款をもって定時総会の終結までに任期を伸長することができる（商法二五六条三項）。

任期満了のときは重任を妨げられないが、二年毎に株主総会で取締役の選任手続を取って、登記をしなければならない。この登記の変更を怠り、五年以上登記を放置しておくと、休眠会社の整理の対象となり、何の届出もしないでいると、会社が解散したものとみなされ、職権で解散登記がなされる（商法四〇六条ノ三）。

会社と取締役との関係は、委任に関する民法の規定に従うので（商法二五四条三項）、民法上の委任の法定終了事由、すなわち、会社の解散・破産・取締役の死亡・辞任によって、取締役は退任する（商法二五四条三項、民法六五一条・六五三条）取締役が会社の解散によって退任したときは、通常、そのまま清算人になる（商法四一七条）。また、任期の満了・解任・欠格事由の発生・定款所定の資格の喪失によっても退任する。退任したときは、退任登記が必要である（商法一八八条三項・六七条）。

解任とは、任期満了前に会社の意思によって、その地位を失わせることである。会社はいつでも株主総会の特別決議によって取締役を解任することができる（商法二五七条）。

2　取締役会と代表取締役

(1)　取締役会の権限

中小会社が株式会社形態を採用している場合には、オーナー株主以外の会社経営者がたとえ不要であるとしても、商法二五五条の規定により、三名以上の取締役を選任しなければならない。また、取締役の退任によって法律または定款で定める取締役の員数を欠くに至った場合、遅滞なく後任の取締役を選任しなければならず、これを怠ったときには、百万円以下の科料に処せられる（商法四九八条一項一八号）。

株式会社では、有限会社と異なって、取締役全員によって取締役会という会議体が構成される。取締役会とは、会社の業務執行を決定し、かつ取締役の職務執行を監督する必要的常設機関である（商法二六〇条一項）。取締役会の全員が定期的に会議を開いて協議と意見交換をすることにより、適切な会社経営を行うことが期待されている。

取締役会には、業務執行の決定権限があり、その他の重要な業務執行も取締役会自ら決定すべきであって、代表取締役に決定をゆだねることはできない（商法二六〇条二項）。商法二六〇条二項で具体的に列挙されている事項は、重要なる財産の処分および譲受（一号）、多額の借財（二号）、支配人その他の重要な使用人の選任および解任（三号）、および支店その他の重要な組織の設置、変更、廃止（四号）である。

また、取締役会には、業務監査権限が付与されており、取締役の職務執行を監督する。取締役会が監督権限を適切に行使できるように、業務を執行する取締役（代表取締役）は、三ヵ月に一回以上業務執行の状況を取締役会に報告する義務がある（商法二六〇条四項）。したがって、最低三ヵ月に一回は、取締役会を開催すべきことになる。

取締役会の構成員である各取締役は、業務執行全般について監視義務を負い、たとえ名目的な平取締役であるとしても、取締役会を通じて業務執行が適正に行われるように、監督する職責がある（最判昭和四八年五月二二日民集二七巻五号六五五頁）。

(2)　取締役会の招集・運営

取締役会は法律上各取締役が招集できるが、取締役会で特定の取締役を招集権者として定めたときは、当該招集権者が招集することになる（商法二五九条一項本文・但書）。実務的には、招集権者をあらかじめ決定しておくことが多く、とりわけ中小会社においては企業オーナーである代表取締役が招集権者に選ばれるのが一般的である。

しかし、招集権者を定めたときでも、他の取締役は、招集権者に対して、会議の目的たる事項を掲載した書面を提出して、取締役会の招集を請求することができる（商法二五九条二項）。その請求後五日以内に、請求の日より二週間以内の日を会日とする取締役会の招集通知が発せられないときは、請求者である取締役が自ら招集をすることができる（商法二五九条四項）。

招集通知は、会日の一週間前に各取締役および監査役に対して発しなければならないが、この期間は定款で短縮することができる（商法二五九条ノ二）。

取締役会の招集通知は書面でなくてもかまわないし、会議の目的たる事項を通知する必要もない。また、取締役および監査役の全員の同意があれば、招集手続を経ないで取締役会を開催することができる（商法二五九条ノ三）。

取締役会の決議は、過半数の取締役が出席し、その出席取締役の過半数によって成立する（商法二六〇条ノ二第一項本文）。定款でこの要件を加重することはできるが、これを軽減することはできない（商法二六〇条ノ二第一項但書）。

定足数は開会時だけでなく、討議・決議の全過程を通じて維持されなければならない（最判昭和四一年八月二六日民集二〇巻六号一二八九頁）。経営手腕と識見を期待された取締役が、一定数以上会議に出席し、その協議と意見の交換によって、より妥当な結論が生み出されることが望まれるからである。したがって、株主総会と異なり、議決権の代理行使は許されず、書面決議や持ち回り決議は無効である（最判昭和四四年一一月二七日民集二三巻一一号二三〇一頁）。

取締役会決議について特別の利害関係のある取締役は、当該決議に参加することができない（商法二六〇条ノ二第二項）。この場合、特別の利害関係のある取締役の員数は、取締役の総数にも出席取締役の数にも参入されない（商法二六〇条ノ二第三項）。特別利害関係人には、代表取締役解任決議における当該代表取締役（最判昭和四四年三月二八日民集二三巻三号六四五頁）、競業取引や会社・取締役間の利益相反取引の承認における当該取締役などが該当する。

取締役会の議事については、議事録を作成しなければならない（商法二六〇条ノ四第一項）。議事録には、議事の経過の要領およびその結果を記載し、出席した取締役・監査役が署名しなければならない（商法二六〇条ノ四第三項）。取締役会の議事録は、本店に一〇年間備え置かなければならない（商法二六〇条ノ四第五項）。

取締役会決議については、株主総会決議の瑕疵のような特別な決議訴訟制度の規定はないので、取締役会決議の瑕疵を争うためには一般原則によることになる。したがって、取締役会の決議に手続上または内容上の瑕疵があるときは、決議は当然に無効であり、利害関係者は、誰でも何時でも、どのような方法によってでも、決議の無効を主張することができる。しかし、取締役会の決議は、会社の内部手続に過ぎないので、そのような無効な決議に基づいて行われた代表取締役の取引行為が当然に無効になるわけではない。当該行為の効力は、決議を要求することによって守られるべき会社の利益の保護と、会社の外部における取引の安全の保護とを比較衡量して決しなければならないが、一般論としては、取引の安全のほうを優先する取扱いがなされるであろうと思われる。

(3)　代表取締役と権限配分

業務執行については、権限濫用防止の趣旨から、意思決定機関としての取締役会と執行機関である代表取締役とが分離されている。すなわち、代表取締役は会社代表行為および対内的業務執行を行う必要的常設機関として、取締役会で選任される（商法二六一条）。代表取締役は取締役でなければならない。代表取締役を選任する取締役会決議においては、解任決議の場合と異なり、候補者である取締役も特別利害関係人に当たらない。選任決議を経て被選任者が承諾することにより、代表取締役になる。代表取締役が選任された場合には、その氏名および住所を登記しなければならない（商法一八八条二項八号）。代表取締役には格別任期の定めがないが、定款などにより特に任期を定めている場合には、任期満了で代表取締役ではなくなる。また取締役でなくなれば当然に代表取締役でもなくなる。しかし、逆に、代表取締役の地位を失っても、取締役の地位を当然に失うわけではない。また、代表取締役はいつでも辞任できるし、取締役会はいつでも代表取締役を解任することができる。

3　非公開株式会社の監査役

(1)　監査役制度の概要

株式会社では、後に言及する「委員会等設置会社」を別として、必ず監査役を置かなければならない（商法二七三条以下）。このように監査役は、株式会社においては、必要かつ常設的な監督機関である。これに対して、有限会社の監査役は、任意機関なので、まったく置かなくても構わない。監査役を置くときは、定款で監査役を定めるか、あるいは、定款で特に監査役を置く旨を定める必要がある（有限会社法三三条）。後者の場合には、監査役の氏名まで定款に記載する必要はないが、初代監査役は会社成立前に社員総会を開いて選任しなければならない（有限会社法三三条二項・一一条）。有限会社では取締役と同様に、監査役にも任期の定めはない。有限会社における監査役の制度については、本章第二節において説明をする。

株式会社の監査制度は、会社の規模によって異なり、かつ、極めて複雑な構成となっているので注意を要する。まず、取締役会は、業務執行の意思決定機関であると同時に、業務執行を監督する権限を持っている（商法二六〇条一項）。監査役は、必要かつ常設の監督機関であるが、資本金額が一億円を超える「大会社」および「中会社」では、会計監査および業務監査の権限がある（商法二七四条一項）のに対して、資本金額が一億円以下の「小会社」では、会計監査の権限しかない（商法特例法二二条一項）。

また、資本金額が五億円以上または負債総額が二〇〇億円以上の「大会社」（商法特例法一条の二第一項）では、監査役会が組織され、常勤監査役、社外監査役制度が採用されている（商法特例法一八条・一八条の二第一項）。それとともに、公認会計士または監査法人の中から会計監査人を選任し、その会計監査を受けなければならない（商法特例法二条・四条一項）。さらに、平成一四年商法改正において新たに導入された「委員会等設置会社」（商法特例法一条の二第三項）では、監査役は置かれず（商法特例法二一条の五第二項）、取締役によって、構成される監査委員会が、取締役および執行役の職務執行を監査することとなる（商法特例法二一条の八第二項一号）。

本書では、中小会社とは、株式・持分の譲渡制限の定めがある株式会社および有限会社であると定義しているが、これは閉鎖性の有無による区分であり、商法監査特例法の会社の規模による区分とは性格が異なる点に注意すべきである。平成一四年改正では、非公開会社であっても、資本金が一億円を超え、かつ、定款で会計監査人の監査を受ける旨を定めた株式会社（商法特例法二条二項）を「みなし大会社」と称し、大会社に関する規定を適用することとした（商法特例法一条の二第三項二号）。

なお、商法監査特例法の正式名称は、「株式会社の監査等に関する商法の特例に関する法律」であり、株式会社についてのみ適用されるものであって、有限会社に適用されるものではない。

(2)　監査役の地位

①　監査役の選任　　監査役は、株主総会の普通決議によって選任され、その定足数は、取締役の選任の場合と同様に、定款の定めによっても、総株主の議決権の三分の一未満にすることはできない（商法二八〇条一項・二五四条一項・二五六条ノ二）。しかし、取締役の選任と異なり、累積投票制度は採用されていない。

監査役は、株主総会において監査役（自分以外の者を含む）の選任について、意見を述べることができる（商法二七五条ノ三）。また、監査役を選任したときは、その氏名を登記しなければならない（商法一八八条二項七号）。

なお、平成一四年の改正により、株式会社は、監査役の選任に関し、特定種類の株主総会において監査役を選任しうる内容の異なる数種の株式を発行することができることになった（商法二二二条一項六号）。この場合、会社は、全部の種類の株式につき、定款をもって、各種の株式の内容として以下の事項を定めることを要する。

(a)　その種類の株主が監査役を選任することの可否、および、可とする場合に選任することのできる監査役の数（商法二二二条七項一号）。

(b)　選任することのできる監査役の全部または一部を他の種類の株主と共同して選任するものとなすときは、その株主の有する株式の種類および共同して選任する監査役の数（商法二二二条七項二号）。

(c)　上記(a)(b)に定める事項を変更する条件があるときは、その条件およびその条件が成就した場合における変更後の(a)(b)に掲げる事項（商法二二二条七項三号）。

②　監査役の資格・兼任禁止　　監査役の資格については、取締役と同様に定款をもってしても、監査役は株主でなければならない旨を定めることができず、欠格事由も取締役の場合と同様である（商法二八〇条一項・二五四条二項・二五四条ノ二）。

また、監査の公正性・独立性を確保するため、監査役は会社または子会社の取締役または支配人その他の使用人の兼務が禁止されていたが、執行役制度が導入されたことに伴い取締役と子会社の執行役を兼ねることが禁止されることになった（商法二七六条）。

もっとも、判例は、それまで取締役であった者を営業年度の途中に監査役に選任（いわゆる横すべり監査役）し、未就任期間を含めて監査させることを容認している（最判昭和六二年四月二一日商事法務一一一〇号七九頁）。また、商法二七六条の兼任禁止は、弁護士の資格を有する監査役が、特定の訴訟事件について会社から委任を受け、その訴訟代理人になることまでを禁止するものではない、とされている（最判昭和六一年二月一八日民集四〇巻一号三二頁）。

③　監査役の任期　　監査役の任期は法定されており、平成一三年改正商法（法律一四九号）前は、就任後三年内の最終の決算期に関する定時総会の終結の時までとされていた（商法（平成一三年改正前）二七三条一項）。これに対し、平成一三年改正で、監査役の任期は就任後四年内の最終の決算期に関する定時総会の終結のとき

までとなった（商法二七三条一項）。

改正の趣旨については、次のように説明されている。

「今回の改正は、コーポレート・ガバナンスの一層の充実を図るため、監査役の機能の強化を主たる目的のひとつとしています。この目的を達成するためには、監査役の任期を伸長して、その地位強化と身分保障を図ることが有用だからです。また、旧法では、監査役の任期は三年とされていましたが、一方で、取締役の任期は最長二年とされていました。すると、監査役の任期中に一度は取締役の改選がなされることになりますが、改選前または改選後のいずれかの取締役については、一年分しか監査できない場合が生ずることになり、監査の効果が低下すると言われていました。そこで、今回の改正のように監査役の任期を四年にして、取締役と同時に改選できるようにすれば、監査役の任期中に取締役の改選がなされても、改選前および改選後の双方の取締役について、任期満了までその職務を監査できることになるため、監査の効果を高めることができると考えられたのです。」（太田誠一／片田哲也／鳥飼重和『コーポレート・ガバナンスの商法改正』商事法務、平成一四年、一八一～一八二頁）。

④　辞任監査役の意見陳述権　平成一三年の改正商法（法律一四九号）においては、監査役の地位を強化するために、辞任した監査役による辞任に関する意見陳述権が新設された。すなわち、監査役を辞任した者は、その後最初に招集される株主総会に出席し、辞任した旨およびその理由を述べることができる（商法二七五条ノ三ノ二第一項）。この場合、会社は、辞任した監査役に対して、総会が招集される旨を通知しな

ければならない（商法二七五条ノ三ノ二第二項）。

この改正の趣旨について、次のように説明されている。

「改正前より、監査役は、監査役の選任または解任について株主総会において意見を述べることができるとされていましたが（商法二七五条ノ三）、監査役が辞任した場合については明文の規定がなく、このような権利は認められないとされていました。しかし、監査役の独立性および身分保障の強化の観点からすれば、辞任の場合においてもこのような権利を認めることが必要です。そこで、今回の改正において、辞任した監査役についても、株主総会における意見陳述権を認めることにしたのです。」（太田誠一／片田哲也／鳥飼重和・前掲書一八四〜一八五頁）。なお、この株主総会において、他の監査役も、当該監査役の辞任について意見を述べることができることとなった（商法二七五条ノ三ノ二第三項・二七五条ノ三）。

この意見陳述の範囲に関しては、商法上、特に規定はなく、制限はないと解される。したがって、監査役が取締役や使用人から嫌がらせ等の不当な扱いを受けたり、非協力的な扱いを受けたこと、あるいは、取締役の任期に合わせて監査役が任期満了前に辞任せざるを得ない会社内の慣行ないし風潮があることを明らかにすることができる。

会社が辞任監査役に直近の株主総会の開催を通知せず、この意見陳述権の行使を妨げた場合には、怠った取締役は一〇〇万円以下の科料に処せられる（商法四九八条一項二号）。この通知がないままなされた監査役の選任決議は決議取消訴訟の対象となる（商法二四七条一項一号）。

(3)　監査役の職務権限

①　小会社における特例措置　　非公開の株式会社のほとんどが該当する「小会社」、すなわち資本金の額が一億円以下の株式会社に関して、商法監査特例法は次のような特例を定めている（商法特例法二二条以下）。

(a)　会計監査権　　資本金の額が一億円を超える株式会社（「大会社」および「中会社」）の監査役は、取締役の職務執行を監査する業務監査権限を有するが（商法二七四条一項）、小会社の監査役は、代表取締役が株主総会に提出しようとする会計に関する書類を調査し、株主総会にその意見を報告する会計監査権のみを有する（商法特例法二二条一項）。

(b)　会計調査権　　監査役は、いつでも、会計の帳簿および書類の閲覧もしくは謄写をし、または取締役および支配人その他の使用人に対して、会計に関する報告を求めることができる（商法特例法二二条二項）。また、監査役は、その職務を行うために必要があるときは、会社の業務および財産の状況を調査することができる（商法特例法二二条三項）。

(c)　監査報告書の作成　　代表取締役は、定時株主総会の会日の五週間前までに、商法二八一条一項各号に掲げる書類（計算書類）を監査役に提出し、監査役は、四週間以内に、監査報告書を代表取締役に提出しなければならない（商法特例法二三条一項・四項）。

(d)　会社・取締役間の訴訟代表権　　会社・取締役間の訴訟で会社を代表するのは、大会社および中小会社では監査役であるが（商法二七五条ノ四）、小会社では、取締役が定める者が会社を代表することになっている（商法特例法二四条一項）。ただし、株主総会で会社を代表すべき者を定めることもできる（商法特例法二四条二項）。

② 平成一三年改正による権限強化　(a) 取締役会出席・意見陳述の義務化　平成一三年の商法（法律一四九号）で、商法二六〇条ノ三第一項の文言が改められ、監査役の取締役会への出席および意見陳述の義務が明定されることになった。

この改正の趣旨について、次のように説明されている。

「旧法においては、条文上、次のように規定されていました。『監査役は取締役会に出席し意見を述ぶることを得』（旧商法二六〇条ノ三）。この条文を読めば明らかなように、条文の文言上は、監査役の取締役会への出席および意見陳述は任意とされていたのです。

しかし、この旧法の規定においても、監査役の取締役会への出席および意見陳述は、義務であると解釈されていました（中略）しかし、あくまでも条文上は任意となっていたことから、明文上、これが義務であることを明らかにし、取締役会も監査役の取締役会への出席および、意見陳述を受け入れざるを得ないことになり、監査役の監督権限行使の実効性を確保したのです。」（太田／片田／鳥飼・前掲書一七六～一七七頁）。

ちなみに、現行の商法二六〇条ノ三第一項は、「監査役ハ取締役会ニ出席スルコトヲ要ス此ノ場合ニ於テ必要アリト認ムルトキハ意見ヲ述ブルコトヲ要ス」と規定している。

(b) 取締役の責任免除に関する同意権　平成一三年改正商法の規定にしたがって、取締役が責任免除議案を株主総会に提出する際には、監査役の同意が必要であり（商法二六六条九項前段）、複数の監査役があるときは、各監査役の同意が必要である（商法二六六条九項後段）。ただし、資本金一億円以下の小会社では、監査役の同意は不要とされている（商法特例法二五条）。

(c)　今後の課題　わが国の監査役制度については、取締役会が監査役の候補者を決定して株主総会で選任するという点を中核として、その無機能化が指摘されて久しい。

そして、平成一四年の商法改正において導入された「委員会等設置会社」においては、遂に監査役制度が廃止された。すなわち、大会社における委員会等設置会社においては、監査役を置くことができず（商法特例法二一条の五第二項）、取締役によって構成される監査委員会（商法特例法二一条の五第一項二号）が、取締役・執行役の職務執行を監視する（商法特例法二一条の八第二項一号）。

非公開会社では、取締役会および監査役による従来通りの監査体制が維持されることとなると思うが、実効性ある監査役制度の確立が望まれる。企業の不祥事が米国でも我が国でも続発している折、監査役のあり方が真に問われている

第二節　有限会社の機関の概略

1　社員総会の権限

有限会社という会社形態は、社員数が原則として五〇人以下と制限されており（有限会社法八条一項）、その組織も株式会社と比べて簡略化されている。すなわち、持分の所有と企業の経営を分離する必要性が

少ない会社に適しているわけである。そこで、会社の機関としては、社員総会と一名の取締役のみが法律上必要とされており、監査役は任意機関とされている。

有限会社の機関において、最も重要なのは社員総会である（有限会社法三五条以下）。社員総会は、有限会社の総社員によって構成され、会社の基本的な事項について意思決定を行う必要機関であり、株式会社における株主総会に相当する最高意思決定機関である。

ただし、ここで注意すべきことは、株主総会と異なり、社員総会については決議事項を制限する規定が存在しないことである。商法二三〇条ノ一〇は、株主総会の権限について、「総会ハ本法又ハ定款ニ定ムル事項ニ限リ決議ヲ為スコトヲ得」と定めている。本条は、昭和二五年の商法改正で追加されたものであり、上場会社のように株式の所有と経営の分離に基づく「経営者支配」を支える目的を持っている。

これに対して、有限会社では、所有と経営の分離は原則として生じないので、社員総会は万能機関であって、いかなる事項も決議する権限を持っている。それは、取締役の業務執行に関する事項にまで及ぶ。

社員総会は、株式会社における株主総会に相当する機関であるから、株主総会に関する規定が、有限会社法四一条で多数準用されている。また、株主総会よりも手続等の規制が緩和される場合も少なくない。

まず、有限会社には、後述するように、取締役会の制度がないので、各取締役が原則として単独で社員総会を招集する権限がある（有限会社法三五条）。しかし、複数の取締役が存在する場合には、取締役の過半数の決議により、取締役が招集する（有限会社法三六条ノ二）。社員総会の招集地においては、本店の所在地または隣接の地と規定する商法二三三条のような定めがなく、特に制限はなされていない。

取締役が社員総会を招集するには、会日の一週間前に、各社員に対して、招集通知を発しなければならないが、この期間を定款をもって短縮することができる（有限会社法三六条）。通知は、株主総会の場合と異なり、書面による必要もなく原則として、会議の目的たる事項を知らせる必要もない。ただし、営業譲渡等の場合には、行為の要領（有限会社法四〇条二項）、合併の場合には、合併契約書の要領（有限会社法六三条一項、商法四〇八条三項）、会社分割の場合は、分割計画書の要領（有限会社法六三条ノ六第一項、商法三七四条四項）、株式会社への組織変更の場合は、議案の要領（有限会社法六七条二項）を、招集通知に記載しなければならない。

なお、総社員の同意があるときは、社員総会の招集手続を省略することができる（有限会社法三八条）。この場合には、社員全員が出席する必要はないとされている。株主総会の場合、全員出席総会が成立するためには、総会開催についての総株主の同意および代理人を含む株主全員の出席が必要とされているが（最判昭和六〇年一二月二〇日民集三九巻八号一八六九頁）、この点の要件においても、有限会社の社員総会のほうが緩やかになっていたが、平成一四年の商法改正で株主総会についても招集手続の省略が認められることになった（商法二三六条）。

さらに、総社員の同意があるときは、書面決議を行うことができ、この書面決議は社員総会の決議と同一の効力を有する、と定められている（有限会社法四二条）。

2　取締役の権限・選任

有限会社は、本来、株式会社と異なって、所有と経営の分離が存在しない企業形態として考案されたが、社員が当然に業務執行するのではなく、会社の機関として、取締役に業務執行を委ねるという構造をとっている。社員は「その出資の金額を限度とする」有限責任の利益を享受できる（有限会社法一七条）。しかも、有限会社の運営機構は単純であり、有限会社の必要的機関としては、社員総会と一名の取締役が備わっていれば十分である。代表取締役も監査役も任意機関に過ぎない。所有と経営を分離する必要もそれほど大きくなく、会社の自治に委ねられ範囲も株式会社よりも広い。

このように取締役という同じ名称でも、株式会社と有限会社とでは、その地位に相当の違いがある。有限会社の場合、株式会社における取締役と代表取締役のように、業務執行の意思決定・監査機関と代表・業務執行機関が別々に分かれておらず、原則として、個々の取締役が会社の業務執行と代表の権限を持っている（有限会社法二七条一項・二項）。ただし、定款または社員総会の決議を持って代表取締役を置いたときは、その他の取締役には、代表権が与えられない（有限会社法二七条三項）。

取締役の員数は、一人だけでもかまわないし、数人いてもかまわない（有限会社法二五条）。取締役が数人いるときは、原則として、業務執行は、その過半数で決定する（有限会社法二六条）。取締役が数人いても、取締役会を構成することはない。取締役の氏名と住所は、登記事項とされている（有限会社法一三条二項四号）。

取締役は、定款で直接定めることもできるが、定款に定めないで、会社成立前に社員総会を開いて選任することもできる（有限会社法一一条一項）。この場合の社員総会は、各社員が招集することができる（有限会社法一一条二項）。会社成立後に取締役を選任する必要があるときは、社員総会において選任される（有限会社法三二条、商法二五四条一項）。

取締役に関する商法の規定を準用する旨を定める有限会社法三二条が商法二五四条二項を準用していないので、株式会社の取締役と異なって、定款で、取締役は社員でなければならない旨を定めることができる。このようにして、できる限り、所有と経営を分離しないように、配慮することが可能となっている。

なお、重要なことは、有限会社法には、取締役の任期に関する規定が存在しない点である。したがって、定款などに任期の規定がなければ、生涯の間、その地位にとどまることもできるし、株式会社のように、二年間毎に役員の変更登記をする必要もない。そのため、休眠会社の整理に関する規定（商法四〇六条ノ三）は、有限会社には存在しないのである。

3　監査役の権限・選任

有限会社の監査役は、任意機関であり、まったく置かなくても構わない。監査役を置くときは、定款で監査役を定めるか、あるいは、少なくとも定款で、監査役を置くことを定める必要がある（有限会社法三三条）。後者の場合においては、会社の成立前（有限会社法三三条二項、一一条一項）または成立後に（有限会社法三四条、商法二五四条一項）、社員総会で監査役を選任する。取締役と同様に、有限会社の監査役にも任期の定めはない。

監査役の職務権限は、会計監査に限られている。その中心的な職務は決算監査であって、計算書類および付属明細書を監査して、監査報告書を作成することである（有限会社法四三条二項・三項）。このように監査役は、取締役が社員総会に提出しようとする計算書類を監査して、その意見を総会に報告する義務がある（有限会社法四三条ノ二第一項）。

第三節　取締役の経営責任

1　取締役の会社に対する責任

(1)　取締役の責任の根拠

取締役と会社との法律関係には、委任に関する規定が適用される（商法二五四条三項）。したがって、取締役が平取締役として取締役会（商法二六〇条）の構成員であっても、また、代表取締役（商法二六一条）として業務執行を行うに当たっても、善管注意義務を負うので、受任者として、委任の本旨に従い、善良な管理者の注意をもって委任事務（業務執行）を処理しなければならない（民法六四四条）。

また、取締役は、法令および定款の定め、ならびに株主総会の決議を遵守し会社のために忠実にその職務を遂行する義務を負っている（商法二五四条ノ三）。これを取締役の忠実義務（fiduciary duty）と言っている。判例は、この忠実義務を善管注意義務を具体的かつ注意的に規定したもの、と理解している（最判昭和四五年六月二四日民集二四巻六号六二五頁参照）。

しかし、近時有力になりつつある学説は、忠実義務は大陸法系の委任関係に基づく善管注意義務と別個の義務であり、本来、英米法に由来する信認的法律関係から生ずる特殊な義務を、昭和二五年の商法改正によって継受した、と理解している。この学説に従うと、忠実義務とは、取締役がその優越的な地位を利用し、会社の利益を犠牲にして自己や第三者の利益を追求してはならないことを要求する義務である、ということになる。

非公開会社にあってはこの取締役の忠実義務は重要な意味を持っている。とかく公私混同が生じやすいのが中小会社の業務運営の実情であるから、取締役の責任を重くするためにも、業務執行に専念する義務を課すべきであると思われる。したがって、この忠実義務に違反した取締役は、特に厳重な責任を負い、損害賠償とともに、その取引から得られた利益の全部を会社に提供するべきである、と考えられる。

中小会社の実態を準組合と把握する私見の立場では、会社の構成員である社員株主相互間に忠実義務の存在を認める英米法上の義務が継受されたものであり、株式会社を準組合と解する有用な手がかりを与える規定として、肯定的に評価することができる。

なお、有限会社の取締役についてもこの善管注意義務および忠実義務に関する商法の規定が準用されている（有限会社法三二条）。

(2)　会社に対する責任原因

取締役が善良な管理者の注意義務（商法二五四条三項、民法六四四条）を怠った場合や、忠実義務（商法二五四条ノ三）に違反した場合には、民法の一般原則による損害賠償義務を負う（民法四一五条）。しかし、取締役の地位の重要性を考慮すると、これでは不十分なので、商法は、これに加えて取締役の会社に対する特別の責任を定め、会社に対して連帯して責任を負うべき場合を具体的に列挙している（商法二六六条一項）。責任原因として特に商法二六六条一項五号の責任について詳説する。

取締役が法令または定款に違反する行為をしたときは、取締役は、会社が蒙った損害を連帯して賠償する責任を負うことになっている（商法二六六条一項五号）。

これは過失責任であって、本号にいう法令には前述した善管注意義務（商法二五四条三項、民法六四四条）および忠実義務（商法二五四条ノ三）のような一般的な義務に関する規定をも含むと解するのが通説であるから、本号の適用は広範囲なものとなる。

敷衍すると、本号に定める「法令」は、具体的な職務をも定める規定のみならず、一般的な忠実義務ないし受任者の善管注意義務を定める規定を含むと解されているから、任務を怠った場合の責任は本号にすべて尽くされているわけである（鈴木＝竹内『会社法（第三版）』（有斐閣、平成六年）二九六頁）。

これらの責任を負担すべき者は、第一に、その行為をした取締役自身であるが、第二に、その行為が取締役会の決議に基づいてなされた場合には、その決議に賛成した取締役もその行為をしたものとみなされて、同一の責任を負わされる（商法二六六条二項）。そして、決議に賛成したか反対したかの立証を容易にするため、決議に参加した取締役は議事録に異議を止めておかないと決議に賛成したものと推定され（商法二六六条三項）、反証をあげないかぎり責任を免れることができないと定められている。

なお、責任を負う取締役が数人いれば連帯責任とされ（商法二六六条一項）、さらに監査役も責任を負う場合には（商法二七七条）、監査役を含めてすべてのものが連帯債務者とされる（商法二七八条）。

(3)　責任の免除・軽減

①　平成一三年改正商法前　平成一三年一二月一二日に成立した改正商法（法律一四九号）以前においては、取締役の責任免除の規定が設けられており、改正法もこれを存続させている。

取締役の会社に対する責任を免除するには、総株主（議決権のない株主を含む）の同意が必要である（商法二六六条五項）。その理由として、もし株主総会の多数決で責任を免除することができるならば、各株主が単独で株主代表訴訟を提起して取締役の責任追及をなしうることとしたのが（商法二六七条）、無意味に帰すおそれがあるためである、と説明されている。

このように取締役の会社に対する責任は、商法の規定によって「免除」されうるのであるが、事実上、非公開会社においてのみ、本規定による責任の免除がなされることになる。そこで上場会社の株主による代表訴訟が、平成五年の商法改正で容易になり高額の賠償を命じる判決が出現することになったので、平成一三年の商法改正で、取締役の責任の軽減を図る制度が導入されることになった。このような改正は、非公開株式会社の取締役についても適用される。

② 平成一三年改正商法後　(a) 責任軽減の対象となる損害賠償責任　株主総会決議または取締役会決議によって責任が軽減される損害賠償責任は、次の二つの要件をみたすものでなければならない。

(イ) 法令・定款違反行為　責任が軽減されうるのは、商法二六六条一項五号の行為に関する取締役の責任。すなわち「法令または定款に違反した行為」に関する損害賠償責任である（商法二六六条七項・一二項）。商法二六六条第一項の第一号ないし第四号に定める責任は、いずれも責任軽減の対象とはならない。

(ロ) 善意かつ無重大過失であること　その取締役が職務を行うにつき、「善意にして且つ重大なる過失がない場合」に、責任が軽減されうる（商法二六六条七項・一二項）。

(b) 責任軽減の限度　取締役の責任を免除することができる限度額は、取締役が本来責任を負う額から次の額を控除した額である（商法二六六条七項一号・二号・三号、同条一二項一号・二号）。言い換えると、次の額の合計額まで責任を軽減することができる。

(イ) 四年分の役員報酬等　責任免除に関する決議を行う株主総会または取締役会の属する営業年度またはその前年の営業年度において、その取締役が会社から受けた報酬その他の職務執行の対価の四年分（代表取締役は六年分、社外取締役は二年分）に相当する額（商法二六六条七項一号・一二項一号・一七項・一八項）。報酬等の額は税引き前の金額を意味し、手取額ではない。

(ロ)　退職慰労金等　次の(i)と(ii)のいずれか低い額（商法二六六条七項二号・一二項二号・一七項・一八項）。

(i)　会社から受けた退職慰労金および使用人兼務取締役の使用人としての退職手当金の合計額。

(ii)　この合計額をそれぞれの在職期間で除した額に四（代表取締役は六、社外取締役は二）を乗じた額。

(ハ)　新株予約権に関する利益　取締役に就任した後に新株予約権の権利を行使し、また新株予約権を譲渡した場合に得た利益の額（商法二六六条七項三号・一二項二号）。

(4)　責任軽限の実現性

取締役の責任を軽減する規定が平成一三年商法改正（平成一三年法律一四九号）で新設された背景には、株主代表訴訟の請求額がいかに巨額であっても、その訴えは財産権上の請求にあらざる請求に係る訴えとみなされて（商法二六七条五項）、貼付されるべき印紙額が一律八二〇〇円で足りるようになって代表訴訟が急増し、中でも「大和銀行事件」のように八〇〇億円を超える賠償を命ずる判決が出現する事態に至って（大和銀行の役員に対する大阪地裁平成一二年九月二〇日判決・判例時報一七二一号三頁）、代表訴訟による巨額の賠償請求は、取締役の会社経営を萎縮させるので何らかの対策が必要であるとの意見が経済界を中心に強くなったことがある。これを受けて自由民主党の政務調査会法務部会商法に関する小委員会（太田誠一委員長）で検討がなされ、平成九年九月に「コーポレート・ガバナンスに関する商法等改正試案骨子」が発表されることになった。その後、一部の商法学者の反対意見が公表される等の紆余曲折を経て議員立法の形で平成一三年一二月一二日法律第一四九号として商法改正が実現した。

したがって、取締役の責任軽減がもっぱら公開会社を念頭において立案されたものであるといえよう。そのため、非公開会社における解説を目的としている本章では、詳しい手続規定の考察は省略した。

非公開会社においては、現在においても、商法二六六条五項の「総株主の同意による取締役の責任免除」が現実性を帯びている。仮に、株主の多数決で取締役の責任を免除（軽減）すると、非公開会社においては、株主間の内紛を招きかねない点に留意すべきである。したがって、商法の規定によるかぎり株主総会における特別決議による責任免除（商法二六六条七項）も取締役会の決議による責任免除（商法二六六条一二項）も非公開会社であってもなしうるが、実際上、その利用は不可能であろう。

2　取締役の第三者に対する責任

(1)　商法二六六条ノ三について

中小会社の役員（取締役および監査役）にとって、きわめて重大な利害を持つ規定として、商法二六六条ノ三および有限会社法三〇条ノ三がある。両条文は、取締役（監査役も）がその職務を遂行する際に、悪意または重過失で任務に違反した場合には、その職務懈怠によって第三者が損害を蒙ったときには、その損害を取締役（監査役）が賠償する責任を負う旨を定めている。

この制度の趣旨は、取締役が職務を行う際に万全の注意義務を尽くさせるとともに、万が一その職務懈怠行為から取引先等の第三者が損害を蒙った場合には、当該取締役に損害賠償責任を負わせることで、取締役の職務遂行の慎重性を担保しようとするものである。取締役は、第三者に対しては、本来ならば不法行為責任（民法七〇九条）しか負わないが、商法および有限会社法は、特に取締役および監査役（商法二八〇条一項で二六六条ノ三第一項を準用している）の第三者に対する責任を法定している。

この取締役の対第三者責任については多くの点で議論がなされたのであるが、最高裁の判例によると、①悪意・重過失は会社に対して任務を怠ったこと（任務懈怠）について必要であり、②取締役の任務懈怠行為と第三者の損害との間に相当因果関係がある限り、直接第三者が損害を被った場合（直接損害）であると、会社が損害を被った結果として第三者に損害が生じた場合（間接損害）であるとを問わず責任が発生する。また、本条の責任は、③第三者を保護するための法定の特別責任であるとされているが、④一般の不法行為責任と競合し、⑤消滅時効の期間は、民法の一般原則により一〇年とされている（最判昭和四四年一一月二六日民集二三巻一一号二一五〇頁）。なお、⑥取締役が責任を負う第三者の範囲については、会社以外のすべての者であり株主をも含む、と解するのが多数説である。

(2)　現実の適用傾向

戦後、「法人成り」の現象により、過少資本の会社が多数設立され、それに応じて倒産件数も増加したが、株主は、有限責任の原則により会社債務については現実にはなんら責任を負わないので、本条によって取締役の責任を追及する訴訟が、昭和四〇年代をピークに増加したのである。その適用例を見ると、故意の重過失が比較的容易に認められていることから、実際には、取締役や監査役等の会社役員の個人責任を追及するための規定と化していた。

さらに、取締役の監視義務というものが責任を強化している。株式会社の取締役会には代表取締役の業務執行を監督する義務があるので（商法二六〇条一項）、取締役会の構成員である取締役は、取締役会に上程された事項について監視するだけでなく、代表取締役の業務執行一般につき監視し、必要があれば、取締役会を招集または招集請求して（商法二五九条）、取締役会を通じて業務執行が適正に行われるようにする義務がある。これを取締役の監視義務といい、この義務を怠れば本条の責任を負うことになる（最判昭和四八年五月二二日民集二七巻五号六五五頁）。

たとえば、非常勤の社外重役として名目的に平取締役に就任し、単に名義を貸しているだけで会社の経営についてまったく関与していない者についても、社長（代表取締役）の職務執行について、取締役会の構成員として監視義務があるとされている。したがって、この監視義務違反ということで、社長の無断の取引行為について、名目的な取締役に損害賠償義務が課されるという結果になるのである。特に多いのが、倒産間際になって振り出された融通手形の処理であり、手形を振り出した代表取締役のみならず、その事実すら知らない平取締役も連帯して責任を問われる事例が後を絶たなかった。

このような責任は、実質的には結果責任を問うに等しく、いわゆる法人格否認の法理の代替機能を果たしていると指摘されている。法人格否認の法理とは、本来、会社を設立することで、会社の財産と個人財産を分別し、株主（社員）有限責任の利益を享受し得るわけであるが、財産の分別管理が不十分であると、法人格が否認され、個人責任を負わせられるという法理である。

商法二六六条ノ三の責任は、この法人格否認の法理と若干適用領域が異なるが、業務執行を注意を尽くして行わないと個人責任が追及されて、法人化の努力も無意味になる点において、共通する側面がある。昭和五〇年代前半まで、本条の適用による責任追及は厳しいものがあったが、後半以降からは、責任を否定する判決も増えてきている。しかし、今後も責任を負わされる恐れがあるので、その意味では、会社経営に携わる以上、ぜひとも念頭に入れておくべき商法規定の一つといえる。

(3)　商法二六六条ノ三の評価

私見では、会社の経営者（取締役および監査役）に対しては、会社が倒産について結果責任を負わせるような会社法制は、決して好ましいものであるとは思われない。会社経営には、企業経営一般に伴う危険がついて回るものである。むしろ、危険の割合が高いからこそ、会社組織にして出資の分散を図り、さらに株主（有限会社の社員）について、有限責任の利益の享受を認めるようになったわけである。したがって、会社の経営者については、たとえ危険が予想されている場合においても、その事業をあきらめるのではなく、最善の努力を傾けたとしても、それでも失敗したときには、その個人責任までは追及しないというのが、近代株式会社法の大原則であろうと考える。

また、ビジネスの世界では、金融機関が経営者の個人保証と物上担保を遡求して安全な地位を確保しているのが現状であるが、他面で、このような債権保全策が経営にとってもっとも必要な企業家精神（entrepreneurship）を萎縮させるのではないか、と憂慮される。このように商法二六六条ノ三の規定は、企業家精神を萎縮させる恐れを多分に含んでいるので、その適用については慎重になされるべきである。

この点に関連して、小規模な株式会社についても有限責任の原則が適用されることを確認したイギリスの一八九七年に下されたサロモン会社事件判決が想起されるべきである。この判決についてはさまざまな読み方ができるが、私見では、小規模かつ同族的な株式会社という自由資本主義の中核的な担い手が、それまでの裁判所のかたくなな態度を、まさに現実の企業の論理で押し切った記念碑的な価値を持っているイギリス会社法上画期的な判例である、と評価している。国民経済的にみて、未知の危険の多い新たな事業分野に進出しようとする気力が社会全体から消失することは大変憂慮すべき事態である。そのようなベンチャー・ビジネスに進出しようと図る企業家が多数存在してこそ、新たな事業機会の創出が生じ得る。

このような経済発展を法的に保障するものとして、小規模かつ同族的な株式会社の役員について、会社の倒産から生ずる結果責任を否定したのが、サロモン会社事件判決であったのであり、イギリスの最高裁判所は、資本主義精神の発揚に軍配を上げたわけである。

3　中小会社における経営責任

(1)　取締役等の経営責任

中小会社の取締役・監査役は、商法二六六条ノ三および有限会社法三〇条ノ三の規定によって、前款で説明したように厳しい経営責任を問われ、事実上、会社経営についての結果責任を負わされている。株主有限責任の原則が働く株式会社と有限会社については、会社財産のみが会社債権者への引当となるので、経営の任にあたっている会社役員に厳しい責任を認めることは、当然であるという見解もあろう。

しかし、よく考えてみると、中小会社の役員は、既に述べたように、会社の債務について個人保証をしており、また自己所有の不動産に物上保証を設定しているのが通常である。中小会社のオーナーとしては株主有限責任の利益を享受しても保証人・物上保証人としての責任を追及されるのであるならば、個人営業主と同様に、実質的には無限の責任を負っていると言っても過言ではない。

また、取引社会は、種々雑多な人々から構成されているのであって、聖人君子のみから構成されているわけではない。したがって、法律家が単純に正義の剣を振り下ろすことで、すべての利害関係者が満足する結論が出るとは思われない。取引社会における行動規範は、営利追求が大前提であるから、一般社会では尊敬される諸々の徳目は、必ずしも称揚されず、一般社会で些か感心されない行動が取引社会においては賞賛されることもある。少々言い過ぎの点もあるかもしれないが、取引社会で是認されている行動規範を、会社法学者および裁判官は原則として採用すべきであると考える。

その意味から、取締役・監査役の対第三者責任は、中小会社においては重荷に思われる場合があり、その責任を軽減することを考えるべきである。

ところが、昭和六一年五月一五日に法務省民事局参事官室から公表された商法・有限会社法の改正試案では、計算の公開されていない会社において、会社債権者は、その債権の弁済を受けられなかったことにより損害を受けたときは、取締役に対し、その損害の賠償を請求することができる旨に、責任を強化する提案がなされた（改正試案二12ａ）。この改正試案は立法化されなかったが、もし実現していたならば、会社債権者が取締役の責任を追及することは、これまでよりも格段にやりやすくなっていたであろう。

この提案については、中小企業団体を中心に、次のような疑念が提示されていた。

第一に、倒産による整理の過程で会社債権者の協調が得られる場合でも、抜け駆け的な個人責任の追及が行われ、経営者が会社債務の弁済に個人資産を提供することによって、会社の再建を図る余地が失われることにもなりかねない。

第二に、取締役の責任強化の提案は、経済活動における経営判断のあり方と無関係である。計算の公開・非公開という事実は、倒産プロセスにおける取締役の経営判断の問題を一切捨象しているのであり、責任追及の可否を決定する基準として取り扱うには適切であるとは思われない。

第三に、改正試案は、最低資本金制度や計算の公開が債権者保護に関して有効性を持たないので、補完策として、取締役の責任追及という強化策で埋め合わせをしようとしていると思われるが、この提案は責任追及の行き過ぎを生ずるものであろう。

以上の三つの理由から、中小会社における取締役の責任追及は、詐害行為等の反社会的な行為にのみ向けられるべきであって、計算書類の非公開という単なる秩序違反的な行為をもって、会社破綻の結果責任を問うことは適当ではないと考える。

(2)　株主・社員の責任強化について

また、改正試案は、行き過ぎた株主・社員の有限責任という特権の享受に対して、その歯止めとして、支配株主・支配社員について、貸付金を出資とみなす等の提案をした（改正試案三14・15・16）。

第一は、支配株主・支配社員に対して、労働債権・不法行為債権という会社が負う債務について、直接の責任を負わせようとするものである。これに対しては、経営の任に当たる取締役が責任を負うのが妥当であるが、支配株主の影響が強い会社においては、支配株主の個人責任を認めることも妥当な解決策かもしれない、と一定程度評価する見解もある。

第二は、支配株主・支配社員から会社に対してなされた貸付を出資とみなす旨の提案である。この提案の理由は、経済活動に参加し企業活動を継続していくためには、その活動の範囲や用量に応じて十分な資本の裏づけがあってしかるべきであり、過少資本の状態で有限責任の会社を、経営・支配しながら会社に対して貸付金の形で必要な資金を供給しているような場合においては、この貸付金を出資とみなし、他の会社債権者に劣後した地位に当たるものとして処理するものである。この提案に対しては、株主・社員の有限責任の特典を限界付ける理由として有力な見解とも思われるが、過少資本の基準を一定の資本金額をもって定めることが妥当か否かは慎重な考慮が必要であろう。会社の破綻が必ずしも過少資本に起因する場合だけではないからである。

第三に、支配株主・支配社員の会社への貢献に対する適正な給付を超える過分な財産上の利益を、会社に返還させるべきであるとする提案である。この提案の理由は、支配株主等へ高額な報酬、給付、配当を支払うことで、会社債権者への資本充実を実質的に害しているような場合には、適正な反対給付に相当する額を除いて、過去に会社から受けた財産上の利益を返還させるべきものとするわけである。この提案に対しては、配当可能利益の蓄積は企業努力の結果であり、その配分は会社の自治に本来委ねられているから、かかる取扱いがなされるのは、違法配当が行われたような場合に限定されるべきである、とする見解が強く主張されている。

これら三つの提案に対しても、現実の取引社会では、支配株主・支配社員は私財を提供する形で、会社の債務に対して個人的な責任を果たすことがあり、また、会社経営に携わっていない株主・社員も、オーナー株主の一族である限り、会社の債務につき個人保証や物上保証をしていると指摘されている。

このような道義的責任を果たさない者が存在するとしても、だからといって、立法的措置によって有限責任の原則を部分的に否定することは、慎重に検討されてしかるべきことと思われる。

(3)　中小会社の活力の推進

取引社会において会社の破綻は新陳代謝の現れであり、生理現象として革新（イノベーション）を怠る会社が競争に敗れるのは当然の理である。他方で、業績不振の会社と取引を継続するか、それとも停止するかは、経営者にとって高度の経営判断に属する事柄であり、経営者としての資質や経験が試される局面である。

したがって、破綻に伴って回収不能の債権が発生したとしても、破綻した会社やその関係者に一〇〇％の結果責任が押し付けられるべきものではないと思われる。

破綻に伴う損失の発生は経済活動に不可避のものであり、いわば取引社会全体のコストであるといえる。中小会社から有限責任を剝奪するならば、中小会社の経営を萎縮させ、あるいは新規参入に対する障壁ともなりかねない。このような中小会社における経営責任を追及することの是非は、今後慎重に検討されるべきである。

第六章　中小会社における新株発行と増資

第一節　非公開会社における新株発行の概要

1　新株発行の態様

(1)　通常の新株発行

新株発行とは、会社の成立後に株式を発行することをいい、通常の新株発行と特殊の新株発行とに区別される。

通常の新株発行とは、出資の払込みを伴う新株発行であって、株式引受人に出資をさせて新株を発行するものである。経済的には、外部からの資金を自己資本として調達するものであるといえる。これに対して、特殊の新株発行とは、基本的には出資の払込みを伴わない新株発行であって、株式の引受を問題とせずに新株を発行する方法である。経済的には、外部からの資本の調達を目的としないで、自己金融によって、新株を発行するものである。特殊の新株発行は、法律上、厳密には「株式分割」(商法二一八条)のことである。

通常の新株発行によって、原則として、発行価額の総額（商法二八四条ノ二第一項）、もしくは少なくとも発行価額の総額の二分の一は資本に組み入れられる（商法二八四条ノ二第二項）ので、通常の新株発行は有償増資とも呼ばれている。なお、発行価額のうち資本に組み入れられなかった額は、資本準備金として積み立てられることになっている（商法二八八条ノ二第一項一号）。

有償増資、すなわち通常の新株発行の方法には、株主割当、第三者割当および一般募集の三つの方法があるが、平成一三年の商法改正で新株発行規制について見直しがあったので、非公開株式会社に関連する点を中心に、その概要を説明することとする。

(2)　授権株式数に関する規制緩和

平成一三年改正前においては、新株の発行は、原則として取締役会の決議で行いうる（商法二八〇条ノ二第一項）ことになっていたが、既存株主の持株比率が稀釈化しないために、授権株式数について規制を設けていた。

すなわち、一方で、会社の設立に際して発行する株式の総数につき、会社が発行する株式の総数（授権株式数）の四分の一を下ることができない旨（商法（平成一三年改正前）一六六条二項）定められ、また、他方で、定款変更により増加する授権権株式総数につき、発行済株式総数の四倍を超えて増加することができない旨（同法三四七条）が定められていた。これらの規制の目的は、取締役会が株主総会に諮ることなく新株の発行を決定する権限に限度を設け、株主の有する持株比率が取締役会の新株発行決議により低下する限度を設けて株主の利益を保護することにあった。

しかし、譲渡制限会社（商法二〇四条一項但書の規定に基づいて株式の譲渡につき取締役会の承認を要する旨の定款の定めがある会社をいう）においては、株主の新株引受権が法定されていて（商法二八〇条ノ五ノ二第一項本文）、株主以外の者に対して新株を発行するには、株主総会の特別決議（商法三四三条）が必要とされている（商法二八〇条ノ五ノ二第一項但書）。したがって、譲渡制限会社においては、前述のような規制を設けなくても、株主の持株比率が低下するような新株発行には株主総会の特別決議が要求されるので、その限りにおいて株主の利益が害されるおそれがないと考えられる（前田庸「商法の一部を改正する法律案要綱の解説（上）」商事法務一六〇六号（平成一三年）五頁）。また、この制限の存在は、ベンチャー企業等の迅速な資金調達の障害ともなりうるという。

そこで、平成一三年法律一二八号による改正によって、譲渡制限会社における授権株式数に関する規制を廃止することとなった（商法一六六条四項但書・三四七条但書）。もっとも、譲渡制限会社においても、授権株式数が定款記載事項とされることは従来と変わりがない（商法一六六条一項三号）。

(3)　株主割当

株主割当とは、既存の株主に対して新株引受権を与えて新株を発行する方法である。新株引受権とは、新株発行に際して、他の者に優先して新株を引き受けることができる権利である。株主に新株引受権が付与されると、一定の日（割当日）現在における株主は、その有する株式数に応じて新株の割り当てを受ける権利を有する（商法二八〇条ノ四第一項）。

平成二年の商法改正で、株式の譲渡につき取締役会の承認を要する旨の定款の定めがある会社の株主は、法律上当然に新株引受権が与えられることになった（商法二八〇条ノ五ノ二第一項）。それ以外の会社において株主に新株引受権を与えるか否かは、その旨の定款規定がある場合を除き、取締役会で決定することとされている（商法二八〇条ノ二第一項五号）。

新株引受権は既存株主の利益を保護するために付与される。株主の利益は発行済み株式総数に対する持ち株比率の維持と、保有する株式の財産的価値の維持とに分けることができる。既存株主にとって、新株発行後においても持株比率が維持されることは、会社支配権および会社経営権の観点からは、重大な関心事である。しかし、株主に新株引受権が与えられるのは、株式の譲渡制限が定められている会社の場合を除いて、定款で定められているとき、または新株発行のたびに取締役会において、株主に新株引受権を与える旨の決議がなされたときに限定されているのである。

このように株主の新株引受権が法律上当然に付与されていないのは、商法が本来想定している株式会社は大規模かつ公開会社であるためと思われる。大規模公開会社における株主、特に一般の投資家である個人株主は、例外的な場合を除いて、持株比率の維持に関心がなく、その増減による影響もたいして大きくないといえる。したがって、大規模公開会社においては、既存株主の持株比率の維持よりも、会社の資金調達の機動性、効率性および簡易性等が重視されている、と指摘できるであろう。

これに対して、有限会社の社員は、会社の増資に際し、自己の有する持分の比率に応じた出資引受権が保障されており、社員以外の者に出資させる場合には、社員総会の特別決議を有するものとされている（有限五一条）。有限会社は、株式会社に比して相対的に小規模で非公開会社であるので、有限会社の社員は当然に会社経営に強い関心を持ち、持分割合の維持について大きな利害関係を有している。

ひるがえって現実を直視するならば、中小規模かつ非公開株式会社が多数存在していることは周知の事実である。このような株式会社においては、持株比率の維持が重要であることは有限会社における場合と異なるところはなく、特に株式の譲渡の制限をしている同族会社では顕著である。

そこで、平成二年の商法改正で、株式の譲渡制限が定款で定められている株式会社の株主に、新株引受権が法律上保障され、株主以外の者に対して新株を発行する場合には、株主総会の特別決議を要する（商法二八〇条ノ五ノ二第一項但書）ものとされ、有限会社の規定と同趣旨の規定が設けられるに至った。この規定は、中小規模かつ非公開の株式会社、とりわけ同族会社における既存株主の持株比率維持の重要性を、如実に示しているといえる。

そもそも株式の譲渡制限の規定（商法二〇四条一項但書）は、昭和四一年改正で新設されたものであるが、本来、平成二年改正の新株引受権の法定とセットになって規定されるべきであったといえる。もっとも閉鎖会社（非公開会社）について、昭和四一年の段階では、学説上、まだ十分にその特色が認識されていなかったので、当時における取扱いは仕方がなかったと思われる。

(4) 第三者割当・一般募集

これまで説明してきたのは株主割当による新株発行であり、株主全員に対して新株引受権を与えるものである。新株発行の方法には、その他に第三者割当と一般募集がある。

第三者割当（増資）とは、新株発行をする会社の役員、従業員、あるいは取引先等の特定の第三者に、取締役会の決議によって新株を割り当てるものである。第三者割当の方法を採用することによって、既存株主の持株比率は当然に低下することになるが、発行価額が時価（証券市場が存在しない非公開会社の場合には理論的に算出される価額であろう）、またはこれを若干下回る程度であるときは、既存株式の財産的価値が下落することは止むを得ないとされている。商法の規定によると、発行価額が「特に有利な価額」である場合にのみ、既存株主に経済的に損害を与えるおそれがあるとして、株主総会の特別決議が必要とされている（商法二八〇条ノ二第二項）。

このことは、証券市場で資金調達をする公開株式会社の本来的な性格の帰結であるといえる。すなわち、発行価額が既存株主の財産的価値の下落をもたらすような価額であるとしても、時価よりも著しく低い価額でない限り問題とならず、また、既存株主の持株比率の低下も、新株引受権が法定されている株式の譲渡制限規定のある会社（譲渡制限会社）を除き、やむを得ないと考えているのであろう。しかし、非公開会社（譲渡制限会社）の場合には、既存株主と新たに入社する株主との衝突等悪影響も予想され、また株式の評価についても紛争が生ずるおそれがあり、第三者割当増資の実施は慎重に判断されるべきであろう。

そこで、平成一三年商法改正（法律一二八号）によって譲渡制限会社における新株発行について次の改正がなされた。改正前においては、譲渡制限会社において株主以外の者に新株を発行する場合に必要な株主総会の特別決議は、(a)決議後最初に発行する新株にして、(b)決議の日より六ヵ月内に払込みをなすべきもの、についてのみ効力を有するとされていた（商法二八〇条ノ五ノ二第二項、旧二八〇条ノ二第四項）。しかし、会社の資金調達の便宜を考慮すると、発行できる株式の種類、数、最低発行価額等について株主総会の特別決議で授権された以上、取締役会において、特別決議後最初に発行する株式に限らず、必要に応じて数回にわたって新株を発行できることとし、かつ、特別決議後一年間は決議の効力を有することとするのが適切であり、それによって株主の利益が害されることはないとされ（前田・前掲論文六頁）、そこで、(a)の規制は廃止され、かつ、(b)の「六ヵ月内」を「一年内」とした（商法二八〇条ノ二第四項）。

また、従来、譲渡制限会社では、株主以外の者に対する新株発行は、会社にとって好ましくない者が株主となる可能性がある点で、株式の譲渡と同じ効果を有していた（前田・前掲論文六頁）。しかし、平成一三年商法改正（法律一二八号）前においては、譲渡制限会社において、株式の譲渡についてのみ取締役会の承認を要する旨が規定されているだけで、新株の割当先については取締役会の承認は要求されていなかった。そこで、譲渡制限会社において、株主割当以外の方法で新株を発行する場合には、株式の種類および数につき株主総会の特別決議を要する（商法二八〇条ノ五ノ二第一項但書）ものとされているほか、取締役会で新株の割当てを受ける者ならびにこれに対して割り当てる株式の種類および数を決議しなければならないとする規定を追加した（商法二八〇条ノ二第一項九号）。

最後に、一般募集とは、特定の者に限定せず、広く株式引受人を募集し、応募者に対して新株を割り当てる方法である。募集する範囲を会社の役員、従業員取引先等の縁故者に限定するものを「縁故募集」といい、これを限定せず一般に募集するものを「公募」と称する。

非公開会社においては、新たに株式を証券市場で公開する場合を除き、一般募集は、特殊で極めて稀な場合にしか利用されないであろう。したがって、非公開会社では、株主割当または第三者割当のみが、実際上、新株発行において考慮の対象になると思われる。

第二節　有限会社における増資手続

1　資本増加と定款変更

有限会社が新たな資金を必要とするとき、資本を増加することが考えられる。しかし、株式会社と異なって、有限会社においては、授権資本制度は採用されていない。

授権資本制度とは、定款には資本金額を記載せず、会社が発行する株式総数を掲げ（商法一六六条一項三号）、設立の際にはその一部を発行すれば足りるとし（商法一六六条一項六号・同条四項）、その残りは会社設立後に取締役会の新株発行の決議（商法二八〇条ノ二第一項）により、資金調達の必要に応じて随時に発行することを認める制度である。

これに対して、有限会社の場合には、資本の総額は定款の絶対的記載事項であり、また、出資一口の金額はもとより、社員の氏名および住所、ならびに各社員の出資口数も絶対的記載事項とされている（有限会社法六条三号、四号・五号・六号）。したがって、有限会社の増資に際しては、当然に定款の変更を必要とするのである。具体的な手続として、有限会社における資本の増加は、社員総会において定款変更（資本増加）決議をすることによって行われる（有限会社法四七条）。有限会社における資本の総額は、出資一口の金額に出資口数を乗じたものであり、この関係は常に維持されなければならない。

また、株式会社には認められている利益の資本組入れ（商法二九三条ノ二）または準備金の資本組入れ（商法二九三条ノ三）が認められないことから、有限会社における増資の方法としては、①出資一口の金額の増加、②出資口数の増加、③右記①と②の併用、のいずれかの有償増資による方法に限られることになる。

一般的には、新たに出資口数を増やすことにより資本の増加を行っている。出資一口の金額の増加による方法、または、その併用方式は、出資一口の金額の増加が追加払込みとなり、社員全員の同意が必要となると解されているため、ほとんど利用されていない。何故ならば、有限会社の社員は、社員の有限責任の原則（有限会社法一七条）から、さらなる出資の増加を図るためには社員総会における特別決議では不十分であり、社員全員の同意が必要とされるわけである。これに対して、出資口数の増加による場合には、増資比率を自由に決めることができ、また、必要なときには社員以外の第三者に引き受けさせることも可能であるから、実際には、多くの増資はこの方法によっている。

2　定款変更と社員総会

有限会社の資本は、定款の絶対的記載事項であるから（有限会社法六条三項）、これを変更するには定款変更の手続が必要となる。定款変更の方法は、社員総会の特別決議が必要であるから、総社員の過半数で、かつ総社員の議決権の四分の三以上の同意が必要である（有限会社法四七条・四八条）。この決議において、定款に別段の定めがなかった場合でも、現物出資、財産引受または出資引受権について定めることができる（有限会社法四九条一号・二号・三号）。

最も重要なことは、有限会社の社員は、原則として、増加する資本について、出資割合に応じて、つまり持分数に比例して出資を引き受ける権利を持っていることである（社員の出資引受権、有限会社法五一条本文）。この取扱いは、有限会社が閉鎖的で非公開な性格を有し、社員相互間の信頼関係の維持が重視されるから、異分子の入社による混乱を避けるため、増資の際にもできる限り社員に新たな出資の引受けをさせることが適当であるとして、採用されている措置である。この規定が社員の出資割合の維持を図る趣旨に基づくものであることは言うまでもない（社員平等の原則）。

したがって、一定の例外を除けば、一部の社員にのみ出資引受権を与えることは無効となり、株式会社における取締役会の決定による第三者割当増資のようなことは、原則として許されない。ただし、特定の者に対して、あらかじめ、資本を増加する場合に出資引受権を与えることを社員総会の特別決議で約束していたとき（有限会社法五〇条）、ならびに資本増加の決議において、増加資本につき出資引受権を与えるべき者およびその権利の内容を定めたとき（有限会社法四九条三号）には、例外として、社員の出資引受権（有限会社法五一条本文）は、制限されることになる（有限会社法五一条但書）。

なお、有限会社は、閉鎖的な非公開の会社形態であるから、引受人を広告その他の方法により公募することができない、とされている（有限会社法五二条三項）。この規定の趣旨については、有限会社では、募集設立が認められていないのと同様に、その閉鎖性にかんがみて、社員その他の縁故者に引き受けさせることが有限会社の本質に沿うと認められる、と説明されている。

3　出資の引受け・払込み

出資を引き受ける者が決まると、その者が出資の引受けをすることになる。そして、出資の引受けをしようとする者は、出資の引受けの申込みをすることになる。

具体的な手続としては、出資の引受けをしようとする者は、引受けを証する書面に引き受ける出資口数および住所を記載して、これに署名（記名捺印）しなければならない（有限会社法五二条一項）。この規定は、出資の引受けを明確にするためのものであり、また、資本の確定を重視するものである。この書面は、株式会社の申込手続における株式申込書に見合うものであるが、その記載事項が株式申込書と比較して簡単なのは、有限会社の非公開性および手続の簡易性によるものである。

このように出資の引受けの申込は要式行為であり、書面をもって明確な形で行わなければならない。この「出資の引受けを証する書面」は、資本増加による変更登記（有限会社法五三条）の申請について、その添付書類とされている（商業登記法九六条一号）。社員または第三者が引受けを証する書面を作成し、会社がこれを受領することによって、出資の引受けの効果が生ずる。

有限会社の社員は、有限責任の原則（有限会社法一七条）の適用があるから、前述のように法定の出資引受権を有しているからといって出資の義務を負うものではなく、出資の拒絶をすることができる。有限会社では、株式会社と異なり、いわゆる切捨て増資が認められていないので拒絶者の引受けについては、他の社員や社員以外の者に引き受けてもらうことになる。

出資の引受けをした者は、出資の払込みをしなければならない。まず、取締役は、引受人に対して、出資全額の払込みを求め、現物出資の場合は、その目的財産全部の給付をさせなければならない（有限会社法五七条・一二条一号）。出資の履行は、全額を一時にすることを要し、分割払込みや分割給付は認められない。金銭出資の払込みは、取締役があらかじめ定めておいた払込取扱銀行または信託会社においてなされなければならない（有限会社法五七条・一二条二項）。出資の履行をした者は、出資の払込期日または現物出資の目的である財産の給付期日より、利益の配当について、従来の社員と同一の権利を有することになる（有限会社法五二条ノ二）。

ひるがえってみると、平成二年の商法改正で、株式の譲渡につき取締役会の承認を要する旨の定款の定めがある会社の株主は、法律上当然に新株引受権が与えられることになった（商法二八〇条ノ五ノ二第一項）。それ以外の会社において株主に新株引受権を与えるかは、その旨の定款規定がある場合を除き、取締役会で決定することとされている（商法二八〇条ノ二第一項五号）。商法が本来想定している株式会社は、大規模かつ公開会社であり、既存株主の持株比率の維持よりも、会社の資金調達の機動性、効率性および簡易性等が重視されているが、他方で、非公開の株式会社においては、持株比率の維持が会社支配権を維持する上で重要であることは有限会社と異なるところはない。そこで、平成二年の商法改正で譲渡制限会社（非公開会社）について、新株引受権が法定されたわけである。

第七章　計算書類の作成と公開

第一節　計算書類の作成

1　企業会計と税務会計

(1)　企業会計の意義

株式会社は、営利法人であるので、事業から得た利益を株主間で分配することを目的としている。株主は、事業から生ずる利益の分配にあずかることを目的として出資しているのであって、会社は、その出資金を元手に収益事業を営む事業体（entity）である。したがって、株主にとって、継続的に利益配当がなされるように、会社の財産状態および収益状況には、重大な関心が注がれるのである。株主への利益還元は、毎期の利益配当だけではなく、残余財産の分配という形でも行うことができるが、利益配当を一切しないという旨の定款の定めは、営利法人としての株式会社の本質に反するものとして、無効であると解されている。

また、株主への配当可能利益を算定するためには、公正な期間損益計算がなされなければならない。

商法の計算規定の中核である商法二九〇条一項は、利益配当額は、貸借対照表上の純資産額より、資本、法定準備金、その期に積み立てることを要する利益準備金および法務省令（商法施行規則）に定める額を控除した金額を限度とする旨を定めている。

このように商法の規定では、期間損益計算だけではなく、財産法的な発想も重視されており、複眼的な理解が要請されている。財産法が重視されるのは、株式会社では、会社債権者にとって、会社財産のみが唯一の担保財産であることによる。株主の「有限責任の原則」（商法二〇〇条一項）が前提となることから、会社債権者は、会社の財産状態に強い関心を持たざるを得ない。会社財産の不当な流出は、株主や会社債権者にとって重大な問題であり、このような事態の発生から株主や会社債権者を守らなくてはならない。したがって、会社の財産状態および営業成績は、公正、かつ、客観的な情報として会社の利害関係者に示されなければならない。

そこで、商法は、配当可能金額の計算を適正にして、資本の額に相当する会社財産が現実に維持されるようにするとともに、意思決定に必要な情報を現在および将来の株主・会社債権者に対して提供させることを目的として、強行法規性を有する計算規定を設けて、会社の財政状態と経営成績の公開を求めている。このように企業会計を法規制の対象とすることによって、違反行為（たとえば違法配当）が無効とされて利害関係者の正当な利益が保護されるようにし、また違反行為について取締役等に民事・刑事の責任（商法二六六条一項二号・四八九条三号等）を負わせて、企業会計の真実性を担保している。

(2) 商業帳簿と計算書類

商法の総則では、商人一般に適用されるものとして、商業帳簿に関する規定を置いている（商法三二条〜三六条）。商業帳簿は、商人が営業上の財産および損益の状態を明らかにするために作成されるものであって、商人一般が作成すべき商業帳簿として、会計帳簿と貸借対照表が挙げられている（商法三二条一項）。

会計帳簿とは、商人の営業上に生ずる一切の取引を継続的、かつ、組織的に記録する帳簿である。会計帳簿には、簿記上の取引を記載することとなり、これは日記帳、仕訳帳および勘定元帳からなっている。日記帳は、日々の取引を記録するものであって、これを借方、貸方に分けて記帳したものが仕訳帳である。仕訳された会計上の事実を資産、負債、資本、費用または収益のいずれかに分けて記載するものが勘定元帳である。

この会計帳簿の記載から、通常、貸借対照表と損益計算書が作成されることになる。このように会計帳簿に基づいて計算書類を作成する方法を誘導法と呼んでいる。会計帳簿には、開業時および毎年一定の時期（決算期）における営業上の財産およびその価額、取引その他営業上の財産に影響を及ぼすべき事項を整然、かつ、明瞭に記載しなければならない（商法三三条一項）。

また、商法は、商業帳簿の作成に関する規定の解釈については、公正な会計慣行を斟酌しなければならない旨の包括的な規定を設けている（商法三二条二項）。ここで「公正な」とは、営業上の財産および損益の状態を明らかにするという目的に照らして、公正な、という意味である。「会計慣行」とは、既に行われている事実に限らず、新しい合理的な慣行が生まれようとしている場合には、それをも含むとされている。

特に注意すべき点は「斟酌」であるが、この用語は、公正な会計慣行によらない特別の事情がない限り、これによらなければならないという趣旨であり、「参酌」よりも密着しているが「基づく」よりは接着せず、その中間を表す、と解釈されている。

したがって、公正な会計慣行には「企業会計原則」が含まれ、これに依拠しておれば商法上も一応適法ということになる。企業会計原則とは、「企業会計の実務の中に慣習として発達したものから、一般に公正妥当と認められるもの」とされており、この趣旨からして商法においても、解釈の指針として妥当するものであるとされている。しかし、企業会計原則以外にも公正な会計慣行がありうることは否定できず、合理的な理由があるならば、企業会計原則によらないことも可能である、と解されている。

(3)　税務会計との関係

税法上のいわゆる税務会計は、会計実務上きわめて重要なものではあるが、課税負担の公平・公正といった観点から所得計算の規制が中心であり、商法上の計算規定とは目的や理念が異なっている。すなわち、商法の計算規定は、利益配当を目的とした決算関係の規定が中心であるのに対して、税法では、課税負担の公平という見地から、課税所得の計算について規定している。

したがって、商法の要請に応える企業会計法と税法の要請に応える税務会計法とは、その性質を異にし、両者が食い違ってもむしろ当然のことといえる。たとえば、税法上で特別措置が許容される場合に、商法上もその措置をとることが許されるかは、商法の立場で別個に考えるべきことである。ただ、税法上の課税所得も、確定決算主義を採用する限り、企業利益に基礎をおいて算出すべきであるから、配当可能利益の算定を究極の目的とする商法の規定との間で調和をとることが望ましい点に疑念はない。その上、実際の企業会計の処理には、税法の規定ないし運用が強く影響しているので、商法と税法との調整は、理論的にも実務的にも、重要な検討課題である。

2　計算書類の作成

株式会社は商人（商法四条一項）であるから、商業帳簿として会計帳簿を作成するとともに、毎決算期において会計帳簿に基づいて貸借対照表を作成することが義務づけられている（商法三二条一項・三三条一項・二項）。さらに、株式会社は、計算書類として、①貸借対照表、②損益計算書、③営業報告書、④利益の処分または損失の処理に関する議案、および⑤これらの附属明細書を毎決算期に作成することが義務づけられている（商法二八一条一項）。

計算書類のうち、貸借対照表、損益計算書、営業報告書および附属明細書の記載については法務省令（昭和三八年三月三〇日法務三一号）である「株式会社の貸借対照表、損益計算書、営業報告書及び附属明細書に関する規則」、いわゆる「計算書類規則」で定められていた。しかし、法務省令が改正され、新たに「商法施行規則」（平成一四年三月二九日法務二二号）が制定されて、その第四章において「株式会社の貸借対照表等の記載又は記録の方法」が規定され、平成一四年四月一日から施行されている（なお平成一五年においても商法施行規則が改正されている）。このうち貸借対照表またはその要旨を公告することになっているので、平成一三年一一月二八日の商法改正（法律一二八号）で改められた点を解説する。

平成一三年改正商法（法律一二八号）は、商法二八一条一項の「左ノ書類」を「左ニ掲グルモノ」と改め、かつ、第二項を新設することによって、計算書類のうち、貸借対照表および利益処分・損失処理案については電磁的記録をもって作成することができる、と定めている（商法二八一条二項）。ここでいう電磁的記録とは、電子的方法、磁気的方式、その他、人の知覚をもって認識することができない方式で作成される記録であって、電子計算機による情報処理の用に供されるものとして法務省令（商法施行規則のこと）で定められたもののことである（商法三三条ノ二第一項括弧書き）。

他方で、新設された第三項の規定は、損益計算書、営業報告書および附属明細書に記載すべき情報を記録した電磁的記録の作成をもって、これらの書類の作成に代えることができるとしており、この場合においては、この電磁的記録はこれらの書類とみなされ、また、電磁的記録の記録はこれらの書類の記録とみなされる（商法二八一条三項）。

最近では、コンピューター会計が普及しており、会計ソフトも次々と改良されている。多くの会社では、税務会計事務所と密接に連携して会計書類等をパソコンを使って作成することが一般的になっている。また、プリントアウトすれば容易に肉眼で見読することができるのであるから、パソコン等を使用して会計書類を作成することは極めて便宜であると思われる。

しかしながら、従来から商法で「計算書類」の作成を要求していたが、帳簿、書類、表、書というのは「書面」を意味すると把握するのが一般的であったことから、ペーパーではない電磁的記録についても、商法上の計算書類等に該当すると解釈するためには、明文の規定が必要であり、平成一三年の改正（法律一二八号）で手当てがなされたものである。

第二節　計算書類の承認と公告

1　計算書類の承認と公告手続

計算書類が作成されると、代表取締役は、定時株主総会に商法二八一条一項各号に列挙された「モノ」を提出して、貸借対照表、損益計算書および利益処分・損失処理案について承認を求める必要がある（商法二八三条一項）。営業報告書については、その内容を報告することで足り、株主の承認を得る必要はない。

次に、代表取締役は、定時総会で計算書類の承認を得た後遅滞なく、貸借対照表またはその要旨を公告することを要する（商法二八三条四項本文）。ただし、取締役会は次のような措置を選択することにより、貸借対照表またはその要旨の公告を免れることができる（商法二八三条四項但書）。すなわち、取締役会の決議をもって、貸借対照表等の承認を得た後遅滞なく、貸借対照表に記載または記録された情報を電磁的方法であって法務省令に定めるものにより、総会で承認を得た日から五年を経過する日まで、不特定多数の者がその提供を受けることができる状態に置く措置をとる旨を定めることもできるものとした（商法二八三条五項）。

そして、具体的には、法務省令（商法施行規則）においては以下のように定められた。すなわち、自動公衆送信装置（著作権法（昭和四五年法律第四八号）二条一項九号の五イに規定する自動公衆送信装置をいう。以下同じ）のうち当該装置をとるための用に供する部分をインターネットにおいて識別するための文字、記号その他の符号またはこれらの結合であって、情報の提供を受ける者がその使用に係る電子計算機に入力することによって当該情報の内容を閲覧し、当該電子計算機に備えられたファイルに当該情報を記録することができるものとされた（商法施行規則八条一項）。つまりホームページにＨＴＭＬあるいはＰＤＦ等のファイルの形式でアップロードすれば足りることになった。

立法作業の過程においては、具体的な公告の方法について法務省その他の公的機関がサイトを設け、会社がこれを利用する方法に限定するべきであるとの見解も示された。それは各会社が自社のホームページを利用することについては、改ざんのおそれや公告期間の遵守の点で問題があるとの考慮に基づくものであったが、改正法においてはそのような限定はなされず、各社が自社のホームページを利用できることになった（商法施行規則一〇条）。なお、会社が計算書類の公告の方法として自社のホームページにおいて行うと定めた場合には、そのＵＲＬを登記する必要がある（商法一八八条二項一〇号）。

２　改正法の評価

従来のような官報または日刊新聞紙上における「公告」の制度については、紙面の都合もあって要旨の公告でも足りることとしているため、情報量が少なすぎること、一回限りの公告で足りるため見落としもある上、後に検索することも不便であること、また費用がかかるため履行するのが大会社の一部に限られること等、開示方法として不十分であるという指摘が長年にわたってなされてきた（前田庸「商法等の一部を改正する法律案要綱（下）」商事法務一六〇七号八三頁）。この点については、今回の商法改正（平成一三年法律一二八号）により、会社は自らのホームページを利用して安価に計算書類の公告をすることが可能となり、他方で、株主・投資家は自己の都合のよいときに当該会社のホームページから容易に計算書類を閲覧することができ、会社情報の開示がより実効性を持つことになると思われる。しかも株主総会における承認を得た日から五年間という長期間にわたり情報を得ることができるのであるから、電磁的方法による開示制度は、従来の問題点を大きく改善することになると予想されている。

しかし、非公開株式会社については、今回の措置についても、その実効性に大いに疑念が残っている。平成二年の商法改正の際に、従来の公告制度が有名無実化していたので、立法部局としては計算書類の公告の制度を廃止し、商業登記所における公開制度を立案したが、自民党法務部会と政務調査会の承認が得られず、国会に提出された法案からは削除されたという経緯が現在でも生々しく想い出される。

そのため平成一三年改正法（法律一二八号）では、計算書類の商業登記所による公開という制度を採用せず、高度情報化社会の到来に対応して、従来からの公告の制度に加えて、電磁的方法による公開を選択することを認めた。むしろ、商業登記所における公開制度よりも、ホームページを利用した開示の方が、費用の削減が可能であるばかりか、圧倒的に実効性が高いと指摘されているが、それは極めて甘い見通しに終わらないだろうか。従来からの「公告」と「電磁的方法による開示」とどちらを選択しようとも、そもそも株主総会も取締役会も開催しないで業務運営を行っている大多数の非公開株式会社の経営者が、本規定を特に遵守するとは到底思えないからである。

この公告または電磁的開示を怠った場合、取締役は一〇〇万円以下の過料に処せられることになっているが（商法四九八条一項二号・三号）、この制裁は、現在では完全に有名無実化している。株式会社のうち中小企業が九七％を超えている現状では、法務省がこの制裁を発動して中小企業（非公開株式会社）の取締役を摘発することは事実上不可能であると思われる。中間試案の段階で、貸借対照表等の公開（中間試案第二二）について、反対意見を述べたものは、全国中小企業中央会、日本商工会議所および日本新聞協会でありその他はすべて賛成意見であった。反対理由としては、中小企業の実態を無視するものであること（全国中小企業団体中央会、日本商工会議所や、インターネットによる公開には限界があること（日本新聞協会））などが挙げられている（原田晃治他「会社法制の大幅な見直しに関する各界意見の分析（下）──『商法等の一部を改正する法律案要綱中間試案』に対する意見──」商事法務一六〇五号二六頁）。中小企業（非公開会社）の立場からは、公のホームページを設けて電磁的方法による公開について、その限定されたホームページのみに掲載する方法にならなかったのは幸いである。今日のIT化時代においては、特定のホームページにアクセスするものを法務省が管理することは容易なことである。会社が自ら開設し管理するホームページに掲載する形で立法化されたのは次善の策であったといえる。

しかしながらこの点に関しては、中小企業庁、法務省、全国中小企業団体中央会および日本商工会議所等の中小企業関係団体が、「会社法の規定の遵守」について積極的な啓蒙・支援活動を展開していくべきであろうと思う。もっとも、日本新聞協会も反対したように、私人（法人も含む）の情報が他人に漏れる事態を想定すると、今般の商法改正の影響を注意深く監視する必要がある。

3　大小会社区分立法との関係

非公開株式会社として、貸借対照表またはその要旨の「公告」、あるいは「電磁的方法による開示」を免れるためには、有限会社に組織変更する手段がある。有限会社法四六条は、商法二八三条の第一項のみを準用している。したがって、商法二八三条の第四項および第五項で定める「計算書類の

「公開」は有限会社では法律上義務づけられていないのである。しかし、有限会社の社員についても「有限責任」のメリットが認められている。すなわち、有限会社法一七条は、「社員ノ責任ハ本法ニ別段ノ規定アル場合ヲ除クノ外其ノ出資ノ金額ヲ限度トス」と定めている。

有限会社における公告義務の不存在は、有限会社の非公開性を考慮して開示手続を緩和したものとされている。この点について、有限会社に公告費用等の負担を課すべきではないが、社員有限責任の会社である以上、立法論としては、既存の会社債権者以外の者が当該有限会社との取引の可否等を判断するため会社の財務状況を知り得る手段を用意する必要がある、という意見もみられる。

しかし、定款で株式の譲渡制限の定めを規定した株式会社および有限会社をもって「非公開会社」と定義している私にとっては、両形態の会社を別々に取り扱う合理的な理由を見出すことはきわめて困難である。問題は「株式会社」と「有限会社」との間で区分を設けるか、それとも「公開会社」と「非公開会社」との間で区分を設けるべきかという大小会社区分立法（公開会社と非公開会社）の根本に係わるものである。

公開会社、特に上場会社は証券市場で投資家から大量に資金を調達しているのに対して、非公開会社では一群の株主集団から零細な資金の拠出を求めささやかな事業を営んでいるに過ぎない。極端な場合を想定すると、わずか一千万円の資金で株式会社を設立した一人会社の経営者に、会社形態が「株式会社」であるので、商法二八三条四項または五項の「公開」を求めることは、いかなる「法政策」に基づくものであろうか。反対に、年間の売上げが数百億円に達する有限会社が存在するとしても、「計算書類の公開」も商法監査特例法上の会計監査人の監査もまったく必要ないのである。このような矛盾を解決するためには、速やかに公開会社のための会社法と非公開会社のための会社法を別々に立法化する必要があると思う。

第八章　組織変更・強制清算

第一節　中小会社における組織変更

1　組織変更の意義

組織変更とは、会社の法律上の同一性を保ちながら、有限会社を株式会社にしたり、逆に、株式会社を有限会社にしたりして、会社が他の種類の会社に変わることを認める法律上の制度である。組織変更は、形態が類似する会社間、すなわち合名会社と合資会社間、あるいは株式会社と有限会社間においてのみ認められるものであって、これを類似主義といっている。

会社の設立当初は、有限会社として、一人ないし数名の出資者で設立された資本金の少ない小規模な会社組織も、事業の発展拡大により、多数の出資者のいる資本金額の大きな大規模な会社組織、すなわち株式会社形態に変更することが望ましいと思われる場合も生じる。もちろん、この逆に、株式会社を有限会社に変更することもあり得るが、いずれの場合においても、組織変更という制度が利用できるのである。

この際に、登記上は、今までの会社が解散し、別種の会社が新設されたような取扱いがなされるが、それは登記の技術的処理にすぎず、会社の実態は組織変更してもなんら変わらないので、会社の権利や義務はそのまま継続される。したがって、中小会社においては、社員相互間に準組合法理が引き続いて適用されるわけである。

株式会社と有限会社の相互間における組織変更は、平成二年の有限会社法改正前は、有限会社から株式会社の変更について裁判所の認可を要すること（有限会社法（平成二年改正前）六七条一項・三項）など、厳格な手続が要求されていた。その理由は、設立手続が厳格で複雑な株式会社形態を避け、より簡易な有限会社形態で設立しておいて、その後に、株式会社へ組織変更をするという設立手続の潜脱の手段として利用されることを防止するためであった。

しかし、平成二年改正で、両者の設立手続に大きな差異がなくなり、また、最低資本金制度も導入されたことにより、有限会社から株式会社への組織変更に裁判所の認可が不要になる等、組織変更の手続が簡素化されたのである。

2　有限会社から株式会社へ

①　組織変更の要件　有限会社は、社員総会の特別決議（有限会社法四八条）をもって株式会社に変更することができる（有限会社法六七条一項）。そして、この決議に反対する社員には、持分買取請求権が与えられる（有限会社

法六七条五項・六四条ノ二第一項）。

有限会社から株式会社への組織変更に際して、発行する株式の発行価額の総額は、会社に現存する純資産価額を超えることができない（有限会社法六七条三項）。

これに反した場合、持分買取請求権を行使した社員を除く有限会社における組織変更決議当時の取締役および社員は、連帯してその不足額を株式会社に支払う義務を負う（有限会社法六七条四項・六五条）。

② 社員総会の決議　組織変更のための社員総会の決議は、特別決議であるから、総社員の半数以上で、総社員の議決権の四分の三以上の同意が必要である（有限会社法六七条一項・四八条一項）。

この総会の決議において、組織変更後の株式会社の定款、取締役、監査役の選任その他発行する株式に関する事項等が決定されなければならない（有限会社法六七条五項・六四条五項）。

③ 債権者保護手続　組織変更によって資本総額が減少する場合には、組織変更の決議後二週間以内に決議の内容を公告し、かつ、知れたる債権者に対しては、各別に催告しなければならない（有限会社法六八条、商法一〇〇条）。

④ 反対社員の持分買取請求権　組織変更に反対する社員は、自己の持分を会社に対して買い取ることを請求することができる。そのためには、組織変更の決議をする社員総会に先立って、会社に対して書面をもって、組織変更に反対である旨を通知するとともに、その社員総会で、出席をして組織変更に反対しなければならない。さらに、会社に対して文書で、自己の持分が決議がなかったら有

したであろう公正な価格で買い取る旨を請求することが必要である。

この請求は、決議の日から二〇日以内にしなければならない（有限会社法六七条五項・六四条ノ二、商法二四五条ノ三第一項）。

⑤　組織変更の登記　　有限会社が組織変更したときは、本店所在地において二週間以内に、支店所在地においては三週間以内に、有限会社については解散登記を、株式会社については設立登記をしなければならない（有限会社法六七条五項・六六条）。この解散登記と設立登記は、同時にしなければならない（商業登記法一〇二条二項・七三条一項）。

⑥　組織変更後の公告および通知　　有限会社は、株式会社への組織変更決議の日より二週間以内に、その決議の内容を公告し、かつ、社員および社員名簿に記載のある質権者には各別に通知しなければならない（有限会社法六七条五項・六四条ノ三）。

3　株式会社から有限会社へ

①　組織変更の要件　　株式会社は、株主総会の特殊決議を持って、有限会社に変更することができる（有限会社法六四条一項）。

平成二年有限会社法改正前は、株主の全員一致による総会決議が必要であったが、改正法で決議要件が緩和されたのである。この総会決議では、有限会社への組織変更に必要な事項について決定することになる（有限会社法六四条五項）。また、この決議に反対する株主には、有限会社から株式会社への変更と同様に、持株買取請求権が与えられる（有限会社法六四条ノ二）。

株式会社から有限会社への組織変更に際して定められる資本の総額は、会社に現存する純資産額を超えることができない（有限会社法六四条四項）。これに反した場合、株式買取請求権を行使した株主を除く組織変更決議当時の取締役と株主は、連帯してその不足額を有限会社に支払う義務を負う（有限会社法六五条）。

なお、有限会社は社債を発行できないと解されているので、社債を発行している株式会社は、社債の償還を完了していなければ有限会社に組織変更することができない（有限会社法六四条一項但書）。

② 株主総会の決議　有限会社への組織変更のための株主総会の決議は、特別決議（商法三四三条）の要件より厳格であり、総株主の過半数にして、総株主の議決権の三分の二以上に当たる多数の同意が必要である（有限会社法六四条三項、商法三四八条）。株式会社から有限会社へ変更されると社員（株主）の地位が変わり、株主にとって投下資本の回収等きわめて重大な影響を受けるので、法定の要件が加重されている。

③ 債権者保護手続　組織変更後の有限会社の資本の総額が、株式会社の資本の総額より少ない場合には、株式会社への組織変更と同様の手続が必要となる（有限会社法六八条、商法一〇〇条）。

④ 反対株主の株式買取請求権　組織変更に反対する株主は、有限会社の反対社員と同様に、買取請求権が認められている（有限会社法六四条ノ二）。

⑤ 組織変更の登記　株式会社については解散登記を、有限会社については設立登記を、同時にしなければならない（有限会社法六六条）。

⑥　組織変更後の公告および通知　有限会社の場合と同様である（有限会社法六四条ノ三）。

第二節　中小会社の強制清算

1　強制清算制度の役割

(1)　会社運営の行き詰まり

株式会社（有限会社も）の運営は、株主（社員）の意向を反映してスムーズに行われることが望ましいことは論をまたない。しかし、あらゆる会社について、とりわけ中小会社においては、このような理想的な会社運営が実現されているとは限らない。そもそも、中小会社では、社員相互間に強い密接な関係が存在しており、このような内部関係を反映して大規模な公開会社と異なる会社運営が行われていると推測でき、かなり柔軟な会社運営が可能になっているともいえる。しかし、親密な人的関係の存在がかえって仇になり会社の運営が行き詰まる事態もしばしば生ずるようである。

我が国の株式会社については、商法四〇四条以下において会社の解散について規定しているが、ここでは中小会社（非公開株式会社および有限会社）にとって有用と思われる強制解散（強制清算）制度について簡単に言及しておきたい。会社において解散をしたいと株主や取締役が考える事由は様々である。例えば、会社の業績が不振で借金ばかりが増えるので、解散してしまおうとする場合も考えられる。この場合には、まさに商法四〇四条二号の定めに従って、株主総会の特別決議があれば解散できる（商法四〇五条・三四三条）のであり、商法は会社の継続が財務上困難な場合を想定して本規定を設けたと考えられる。

しかし、本節では商法がおそらく予想していなかったか、あるいは無視している場合における強制清算について検討したいと思う。それは会社の運営がデッド・ロック（dead lock）に陥った場合である。すなわち、船が暗礁に乗り上げてしまって操船が不可能になった場合と同様に、会社の運営がにっちもさっちもいかなくなってしまったときに、どのようにしてこの事態を打開して会社の運営を正常な状態に戻すかが問題とされる場合である。

(2)　中小会社とデッド・ロック

このような会社運営におけるデッド・ロックは、中小会社では、頻繁に起こりやすいと想像される。その理由として、第一に、中小会社では株主数が少ないので、株主間で意見の対立が生じ易いことが挙げられる。株主の数だけ意見の相違があると仮定すると、大規模な公開会社のほうが意見の対立が激しいことになるかとも思われるが、多数決原則が厳格に機能する場合には、少数の株主しか賛同しない意見は最終的には無視されてもしようがないと考えられる。

これに対して、少数の株主しか存在しない中小会社では、各株主または株主群を代表する意見は、株式保有の分散が少ないので、大規模な公開会社の場合に比して、相対的に有力な意見となりうる。極端な場合として株主数が二名であると仮定すると、この二人の間で意見の食い違いが生ずるときには、持株数の差により多数派株主と少数派株主の間で激烈な主導権争いが生ずることになる。この場合において、単純多数決の原則で一方の意見を会社の意思として採用すると、将来の会社運営に禍根を残すことになりかねないであろう。そこで、反対に、少数派の意見をも参考にして会社運営をしようとすると慎重にならざるを得ないことになり、時には意思決定が不可能となってしまう。例えば、二人の株主の持株比率がそれぞれ五〇%であったときには、いったいどちらの意見を会社の意思として採用すべきか、決定が困難になってしまう。このような状態をもって、会社運営がデッド・ロック（暗礁）に乗り上げた、と一般的に表現されている。

第二に、このような株主間の対立を防ぐために、株主総会での意思決定が可能なように株主間の持株比率を調整した場合においても、取締役（または取締役会）の段階で、会社運営をめぐって紛争が生ずることを防ぐことはできない、ということである。会社経営は将来の経営環境を考慮しながら決断することが必要であるが、個々の取締役の将来予想には差異があることもあり、経営陣の間で対立が生ずる余地もある。この経営陣における対立が株主の段階までに至ると、会社の運営をめぐる紛争が全社的なものに拡大し、まさにデッド・ロックに乗り上げたということになってしまう。

このようにデッド・ロックに乗り上げてしまうと、会社の意思決定が不可能になり、会社の運営に支障をきたす事態に陥ってしまう。そこで、このような場合には会社を強制的に（株主の意思によらずに）解散し清算してしまうことが考えられる。

実際上は、強制解散（強制清算）といっても現実に会社資産を解体換価してしまうのではなく、強制解散の判決が下されると、両当事者の協議で、多数派株主に「妥当な価額で」少数派株主の株式を買い取らせることによって、紛争を解決しようと図る趣旨のものである。

(3)　強制解散制度について

我が国では、少数株主（発行済株式総数の一〇分の一以上に当たる株式を有する株主）により強制解散が求められた場合において、裁判所が解散判決（商法四〇六条ノ二）を下すためには、「已むことを得ざる事由」が存在することが必要である。同様に、民法六八三条では、已むことを得ざる事由あるときは、各組合員は組合の解散を請求することができる、と規定している。また、その内部関係が組合に準ずると商法六八条に規定されている合名会社についても、商法一一二条一項は、已むことを得ざる事由あるときは各社員は会社の解散を裁判所に請求することができる、と規定している。

この「已むことを得ざる事由」という要件については、学説および判例によって様々に解釈されているが、一般的には、会社の運営が暗礁に乗り上げて事業を継続することができない状態に陥った場合と表現することが可能であろう。会社に不測の損害を与える恐れがあることは、必ずしも要求されないと解する。何故ならば、会社経営がデッド・ロックに乗り上げて打開の余地がないこと自体を「已むことを得ざる事由」とすることは、準組合である中小会社の場合には、妥当であると思われるからである。株主間の紛争の解決は、必ずしも会社経営の方針をめぐる紛争の解決と同一視することはできず、その意味から、この「已むことを得ざる事由」の存在は、柔軟に解釈すべきであろう。

この点について明確に定めているのが英国一九八六年支払不能法（Insolvency Act）一二二条(1)項(g)号である。この規定は、裁判所が会社を強制的に清算することが正当かつ衡平（just and equitable）であると判断する場合には、強制清算（compulsory winding up）を命ずることができる、と定めている。この「正当かつ衡平」の意味については、一九七二年の最高裁判所（貴族院）判決で明確になり、裁判所が冷静に判断して、衡平法（Equity）上、会社を清算することが妥当とする場合に、清算命令を下すことができるものとしている。

このように本規定は、会社の強制清算に関する規定であるが、真の狙いは多数派株主による少数派株主の保有する株式の「妥当な価格」による買取りによって、株主間の紛争の解決を図ることにある。したがって、実際に清算を命じて会社を解体してしまうのではなく、判決を梃子にして株式の買取りを強いること、すなわち判決により低い解体価額しか回収できないことよりも、少数派株主と協議して、妥当な対価で会社を自らのものとして引き続き経営することを多数派株主に可能にさせる契機を与えるものとなっている。

2　強制清算と準組合法理

(1)　イギリス法における強制清算制度

前述において、強制清算を命ずる判決が下された場合には、その後に多数派株主と少数派株主の間でネゴシエイション（取引）がなされ、妥当な価格で多数派株主が少数派株主の保有する株式を買い取り、会社自体は多数派株主によって存続させることが可能になると述べた。そこで、イギリスの強制清算制度に関する判例上画期的な意義を有する Westbourne Galleries 事件判決を紹介して、議論の足がかりにしたいと思う。

考察の前提として、小規模かつ閉鎖的な株式会社においては、通常、所有と経営の分離という現象が存在せず、組合における組合員のごとく各株主が同時に取締役として会社の経営に参加している、という事実が指摘されている。このように法律的には会社形態を採用しているが、実質的には組合と異ならない会社を、イギリスの会社法学説では準組合会社（quasi-partnership company）と呼んでいる。この準組合会社については、一九四八年会社法二二二条(f)号（現行法は一九八六年支払不能法一二二条(1)項(g)号である）の正当かつ衡平（just and equitable）を理由とする強制清算制度が弾力的に適用され、組合法に従えば組合の解散事由となる事実が存在すれば、裁判所は会社を強制的に清算できる、という準組合法理が二〇世紀初頭以来判例法として形成されてきた。

(2)　Westbourne Galleries 事件判決

この判例法の集大成が、一九七二年に下された最高裁判所（貴族院）の Westbourne Galleries 事件判決である。事実関係は以下のごとくである。

被告会社Wは、N（被告）のカーペット販売業を引き継ぎ一九五八年私会社として設立された。その事業では、一九四五年頃から、NとE（原告）が平等に経営に参加し利益を分配することになっていた。両者は、会社の設立に際して、同数の株式を引き受け、最初の取締役に任命された。しかし、設立後すぐにG（Nの息子で被告）が会社の取締役となり、EとNは、Gにその持ち株の一部を譲渡した。その結果、NとGの親子は多数を制することになった。会社の業績は順調であり、その利益はすべて取締役報酬として分配され、利益配当は一切行われなかった。不幸にも、両派の間に対立が生じ、Eを取締役から解任する旨の株主総会決議が可決されるに至った。この決議は一九四八年会社法一八四条によって法律上では有効である。Eは、まず一九四八年会社法二一〇条（一九八〇年法七五条を経て現行では一九八五年法四五九条）の救済を請求し、予備的に会社の強制清算を申し立てた。

二一〇条の救済については、Eは取締役として害を加えられたのであって、株主の資格において害を加えられたのではないとして却下され、結局、正当かつ衡平を理由とする強制清算が適用されるか否かが問題となった。

最高裁判所では、Eの申立てが認容されたのであるが、Wilberforce卿は、一般的な理論として、次のような見解を述べている。

すなわち、「多くの判例のごとく、準組合または実質的な組合という用語を使用することは、便宜であるかもしれないが、混同を招くことにもなる。組合法が誠実（probity）、善意（good faith）ないし相互の信頼（mutual confidence）という概念およびこれが欠如した場合の救済手段を発展させ、また二二二条(f)号の多くの事案は、組合が会社形態に移行し、その会社の基礎的構造が元の組合の権利義務関係により支配されている小規模な会社に関するものであるという意味では便宜である。しかし、当事者（おそらくは元の組合員）がいまや会社の社員であり、新たな権利義務を受け入れたという事実を曖昧にし否定するものであるならば、その表現は混同を招くことになる。」

このようにWilberforce卿は、準組合概念が前提となって、準組合法理の適用の有無が決定されるものではないとしながらも、同時に、「正当かつ衡平」を理由とする会社の強制清算について、建設的なアプローチを示唆している。すなわち、二二二条(f)号の機能は、普通法上で認められる権利（legal right）の行使に対して、裁判所が衡平法上の考慮（equitable consideration）を加え、その権利の主張または特定の場合における権利行使を許さないものとすることを可能にさせる。ここでの普通法上の権利とは、特に、定款の規定から生ずる権利を指す。

Wilberforce卿のアプローチは、準組合法理に伴う多くの問題を回避させるとともに、この法理が発展させた概念をより処理しやすい形に整理したと評価できる。また、この準組合会社における強制清算という法分野が組合法（Partnership Act）という母法からその紐帯を断ち切り、会社法（Companies Act）の一分野として意識的に発展させられるべきことを強調している点も評価できる。

これまでの準組合法理は、「組合法理を準組合に適用する」という趣きがあったのに対して、

Wilberforce 卿の見解は、組合法の原則にある程度パラレルな会社法の特別の原則、その原則を適用することを適切にする特徴を備えた会社に適用するものである、と表現することができるであろう。

(3)　衡平法上の考慮

ここでイギリス法特有の普通法（common law）と衡平法（equity）の関係を簡単に説明する。法の根底に存在する法秩序は普通法によって形成されるが、そのままでは不都合である場合には、裁判所は、衡平法を適用して妥当な解決を図るということができる。したがって、会社における法律関係は、原則として、会社の定款によって規律されるのであるが、定款の規定を杓子定規に適用すると、当事者にとって不都合な結果が生ずると考えられる場合には、これに衡平法上の考慮を加え、妥当な紛争の処理を図ることになる。

このような衡平法上の考慮がなされる場合のすべてをあらかじめ想定することは不可能であるし、また望ましいともいえない。しかし、典型的には、小規模な株式会社において、以下の要素がひとつ以上認められる場合であるとされている。

第一に、相互の信頼を含む人的関係を基礎に形成され継続する団体、

第二に、株主の全員またはその一部が事業の経営に参加するという合意ないし取決めがあること、

第三に、株式の譲渡制限の定めがあること、

とされている。

なお、一九四八年会社法二一〇条による救済制度について若干言及しておくと、二一〇条は、会社の業務運営が一部の株主に対して抑圧的に（oppressive）行われている場合には、会社の解散に代えて、裁判所が適切な救済命令を発することができる旨を定めていた。しかし、この規定は、「抑圧的な」という用語の意味を狭く限定的に解する判例が定着するに及んで、株主、とりわけ少数派株主の救済手段として活用することが困難となってしまった。

そこで、一九八〇年会社法七五条は、「抑圧的な」という要件を「不公正に不利益な」（unfairly prejudicial）という要件に緩和し、かつ当該行為または不作為が現実に存在する場合に限らず、企図されている場合にも救済命令を発しえるものとして従来の規定の不備欠陥を是正することにより、株主の利益をいっそう強化しようとした。その後、本規定は一九八五年会社法四五九条に引き継がれている。

この規定の改善が正当かつ衡平を理由とする強制清算の制度にどのような影響を与えるかはいまだ不明の点もあるが、イギリスの裁判所はより柔軟な救済命令を発しうる途が開かれたのであり、株主が会社の強制清算に訴えることは、今後おそらく減少するのではないかと思われる。

第九章　中小会社における内紛の解決とその予防

第一節　中小会社における経営権をめぐる紛争の解決

1　対策の指針

(1)　経営権をめぐる紛争の解決

本書において、これまで中小会社におけるその法的構造について、主として内部関係に限って考察をしてきた。私はこれまで三〇年余にわたり、中小会社における株主間の紛争の解決とその予防に関して研究してきた者である。したがって本書も、中小会社の内部関係に関する解説に焦点を絞り、外部関係をめぐる諸問題、例えば最低資本金の役割とか外部監査の導入等はきわめて重要な問題であるが、これらは会社制度の根幹にかかわる法政策の問題であり、この短い入門書において取り扱うことができなかった。私が大学院の修士課程に入学して以来取り組んできた研究テーマの主題は、あくまでも閉鎖会社（非公開会社）における株主間の内部紛争の解決とその予防である。したがって、本書の目的も、不幸にも株主間に紛争が生じてしまった場合における解決の指針を与えるものである。

従来、中小会社における紛争の発生は、多くの商法学者にとっては厄介なものとして、とかく排除される傾向にあり、また、裁判所もこの種の紛争の解決にあまり熱心であったとはいえない。むしろ、最高裁判所は、下級審裁判所がみだりに会社の内紛に介入しないように戒めていたように思われる。何故、このような態度が学説および判例に生じたのかは、それ自体でひとつの研究材料になると思われるが、私の推測では、学者とか裁判官という方々は、中小会社の実態をあまりよくわかっていないか、あるいは強いてわかろうとしないのがその原因の一つであると思われる。

これに対して、上場会社については企業内容が開示されるとともに、企業それ自体が社会的な存在として常時監視されている。さらに重要なことは、これらの上場会社は教科書に書いてあるとおりの典型的な株式会社であり、そのため、教科書に則って判断すれば事足りるということであろうか。最近の商法改正は、アメリカにおける判例および学説に依拠するならば、我が国における同様の事案の処理が可能であると考えられている向きもあるのではなかろうか。

(2)　中小会社における解決の指針

中小会社に関する研究は、我が国ではまだまだ不十分であるといえる。研究者の数にしても両手の指を折って数えることができる程度である。しかし、もっとも肝要なことは、非公開会社法の研究者と称される学者が、中小会社の運営の実態について、どれほど精通しているかという点である。アメリカの閉鎖会社法理やイギリスの私会社制度を我が国に紹介し、その法理をそのまま我が国の中小会社にも適用するという見解もあろうと思われるが、はたしてその法理が我が国の中小会社に対して適用妥当性を有しているのか、再吟味する必要がある。その意味から、我が国の中小会社について、法社会学的な検討が不可欠である。

私たちは「法」というものについてとかく思い違いをしていることがある。「法」というものは、立法者が自由自在に作り代える法律とは異なるものである。その社会の厳しいテストを受けて今日に至ったものこそ、私たちは「法」として受容できるのである。仮に、諸外国の立法例を継受したとしても、その法律が我が国の風土において咀嚼され摂取された限りにおいて、我が国の社会において「法」として受容されるのである。外国法を参考にしながらも、我が国の風土において機能する会社法理の構築こそが私たち研究者が目指すものであり、少なくとも私自身はそのように考えている。

そこで、以下において、株主間における紛争の解決とその予防について私なりの見解を述べてみたいと思う。

株主間における紛争を予防する手段としては、大別して二つの方法がある。

第一の方法は、対立している株主、または対立すると予想される株主を分離して、別々に各自の会社を経営させることである。その意味では、中小会社におけるスピン・オフ（SPIN-OFF）、つまり会社分割による解決の提案である。

第二の方法は、対立している株主が存在していても、その対立を破局的な結果に導くことなく、紛争の危機管理を巧みに行うことである。この方法は、たとえて言えば冷戦期における米ソ間の対立が、核兵器の均衡を保つことで危機管理がなされていたような状態である。

両派の株主達は、会社の破綻や業績の不振に陥らない範囲で対立しているが、危機的状況が到来すると結束して事に処することが可能であり、実際には、そのような場合も多いであろう。しばしば、このような状況下で、多数派株主による少数派株主の持株の買取りが提案されるが、この持株の買取の実現に至るまでに長年月が経過するのが普通であり、私としては、株式の買取りは最終的にとるべき手段でなかろうかと考えている。信頼と不信とは裏返しの関係にあり、不信感を抱きながらも会社経営を継続することで信頼関係を維持することもできると考える。少数派株主としても決して株式の売渡しを心から望んでいるわけではなく、それは最終的手段として保留されていることが多いと思われる。

(3)　会社分割の事例

ここでは第一の方法について簡単に説明したいとおもう。

平成一二年の商法改正で会社分割制度が新設される以前においては、スピン・オフは、一般に、企業の特定部門を切り離して別会社（子会社）を作る手段として理解されていた。この手法を中小会社における内部紛争の解決とその予防に応用した例もある。

この方法の成功例として、ダイエーと西武の例をあげることができるであろう。ダイエーは中内兄弟が協力して設立したものであるが、次第に両者の関係が悪化したので、母親が仲介に入り、兄である中内功氏が弟の持株を買い取るという形で決着がついた。弟はその代価をもって別のスーパーチェーンを作ることになり、中内兄弟は、結果として、弟のスピン・オフで株主間の対立の芽を摘み取ったわけである。因みに、昭和四〇年代前半におけるこの株式の買取りにつき、中内功氏は住友銀行から三〇億円の資金融資を受けたといわれている。

西武についてはことであり、いまさら紹介するまでもないと思うが、弟である堤義明氏が（他に二人の同母の弟も）西武グループの本体である国土計画（現在はコクド）や西武鉄道を受け継ぎ西武鉄道グループとなり、兄である堤清二氏が西武百貨店や西友ストアーを受け継いで西武流通グループ（現在の名称はセゾン・グループ）として独立した。独立当初は持株会社である国土計画が流通グループの会社をも支配していたが、その後に、この資本関係は整理され、流通グループは文字通りに独立を果たすことになった。

以上、二つの事例を挙げたが、このような方法はアメリカ譲りの厳密な意味における会社分割とは言えない。何も横文字でスピン・オフと書くまでもなく、我が国古来の暖簾分けの制度と考えてもよいのではないかと思う。兄弟で会社経営をめぐって争うよりも、一方が本家として従前からの家業を継ぎ、他方が暖簾を分けてもらい同業種の別会社を営むか、あるいは他業種に進出して分家するほうが精神衛生的にも好ましいと思われる。実際にこのような暖簾分けをする企業は評価の定まった繁栄している企業である場合が多いのである。暖簾分けという制度は、我が国に古くからある制度であるが、未だ今日的な意義を失ってはいないといえる。

したがって、企業が複数の事業部門を有している場合には、紛争の解決ないしその予防のため、対立する株主に、各々その経営を分担せしめ、必要であるならば、平成一二年の商法改正で実現した会社分割の手続をとることが、紛争の究極的な解決に導くものであり、今後、紛争の解決手段の切り札になると考えられる。

2　会社法学の革新

(1)　会社の実態に応じた解決

中小会社における株主間の紛争を予防したり、あるいは不幸にして既に紛争が生じてしまった場合には、何よりも当該会社の実態に適した処理が望まれる。その意味では、中小会社の実態に応じた法律実務の発展が現在望まれているであろう。

下級審判例および学説において、中小会社の実態に即応して、より望ましい解決を目指し、従来の通説や最高裁判所の判例に挑戦するがごとき態度を採用するものが出現しつつある。それは一応評価できるとしても、その根底に社団法理の墨守が残っている限り、まだまだ不十分といえる。このような傾向はドイツ概念法学の影響が色濃く残っている我が国の会社法学においては顕著なことである。

私は、これらの諸学説に残る誤りを克服するためには、実務法学の早急の確立が要請されていることを断言する。大多数の商法学者は中小会社の実態を知ろうと努力しないし、また、建前のみで本音が隠された実態調査で満足してしまう。

たとえば、ＮＴＴの株式を一株買ってどのような書類が会社から株主に送られてくるかを実際に研究のために調査する商法学者がいたとしても、では、中小会社の株主となって現実に会社がどのように運営されているかを知悉している商法学者がいったい何人いるであろうか。もし、そのような目的のために株主になりたいから株式を譲ってもらいたいとしても、おそらく非公開会社の従来の株主は誰一人として応じないであろうし、また、たとえ株主が応じたとしても、商法二〇四条一項但書による譲渡制限によって取締役会によって株主になることが拒絶されてしまうであろう。

私は、幸いというべきか父親からの相続で家業の有限会社（資本金一千万円）の一割の持分を保有しており、また、知人の設立した株式会社の株式を引き受けた経験もある。ＮＴＴの株式を一株買うのと中小会社の株式を一割買うのとでは、金銭的に変わらないのであり、中小会社について研究しようと思うならば、また、実務法学を提唱しようという以上は、身銭を切って真剣に研究材料の入手に取り組むべきである。中小会社の実態を知らないで、会社というのはかくあるべきであると教壇で説教する老大家を見るにつけ、将来の商法学界の行く末について寒心に耐えない。

（２）　定款作成実務の革新

このような現状を打破するためには、実務法学の確立とともに、定款作成実務の定着が要請される。市販の出来合いのものではなく、当該会社の実態に合わせた定款を弁護士や公証人の協力を得て作成することが今後の課題である。従来の片手間にやる会社の設立業務を改め、定款の作成を専門に取り扱う法律実務家が我が国においても育つことを期待したい。そのためには、定款のモデル・フォームとその解説を付した実務書の出版が会社法学者にも期待されているといえる。

定款作成実務においては、株主間の合意を尊重することが肝要であり、かつ準組合法理に基づいて株主相互間における契約関係の存在という概念を導入することが不可欠である。この点については、本書で繰り返し説明したところなので深く立ち入らないが、社団法理からの決別が是が非でも必要でもある。イギリスの一九八五年の会社統括法一四条一項（一九四八年会社法二〇条一項）においても、定款が契約としての効力を有していることはそのまま引き継がれている。

我が国の従来における会社設立の実務は、社団法理に基づいて、あまり専門的とは言えない法律実務家が執筆した実務書ないし手引書を基礎として、これまた法律家ではない税理士や公認会計士が設立の手続を担当するのが普通である。しかし、これからは法律家、すなわち弁護士ないし公証人が会社設立の実務を担当すべきであると思われる。弁護士が法律家として会社の設立を自己の守備範囲に含めることは容易に理解できると思うが、公証人が会社設立業務に携わるべきことはあまり簡単に理解されないようである。しかし、商法一六七条によって、定款は公証人の認証を受けなければその効力を生じないのであるから、公証人役場には様々な様式の定款が集まることになる。公証人は、遺言や公正証書だけを取り扱っておればよいのではなく、会社の定款についても、法律家としての立場から実務上の指針を与えるべきである。その意味では、公証人の職域拡大にもなるが、定款作成実務において公証人に期待されている役割はかなり重いといえる。

一般に、会社法は、組織法として強行法規の多い法律であるが、任意法規と考えられる規定も多いのであるから、定款でどのように規定すべきか検討する余地はまだまだ多数あると思われる。商法学者が学術的に規定の有効性について一応検討するとともに、各種の実務家も遅れずに、その成果を摂取して、新たな定款のモデルを構想することが要請されている。

(3)　望ましい紛争の予防策

最後に、では一体どのような定款の規定であるならば、紛争を解決し、その予防を図ることができるのであろうか。私は、この点については、株主が有する合理的期待（reasonable expectation）を尊重することが鍵であろうと考える。株主は様々な思惑を秘めて会社に関与しているわけであり、単に利益配当の享受に甘んずることもあれば、反対に、自らが会社の経営に携わりたいと考える者もある。そこには赤裸々な人間関係の葛藤もあり、悲喜劇もある。従来の法律家はとかくこのような人間関係の複雑さについて無頓着か、あえて無視しようと努めてきた。また、裁判所も生々しい紛争に巻き込まれないように自らを戒めていたといってもよい。その意味では、紛争当事者にとっては、無味乾燥な何かしら割り切れない感情が残る紛争処理しか望めなかったといえる。

しかし、従来のように生身の人間が利害を持って衝突する事態に対して、冷静に覚めた目で杓子定規に規定を適用することで、紛争が果たして本当に解決できたといえるのであるか、私は疑問に感じている。では、情けに流されず理にも走らない解決方法が存在するであろうか。この難問に対する解答も様々であるが、私見では、今のところ株主の有する期待が納得できるものであるかどうか、換言すると、合理的なものであるか否かを、公平な観察者の立場から判断すること、そしてその判断を積み重ねることによって、一定の法規範が浮かび上がってくるように思われる。

「法」というものは既に社会において存在しているものであり、人為的に定立する法律とは異なるものである。私たちが見逃しているものは、我が国には株主間の紛争を処理すべき「法」が既に存在しているという事実である。それは、各種業界における秩序だったり慣行だったりするわけであるが、私たち研究者がなすべき仕事は、このような「法」を発見することであって、法律を作成することではない。法律家が陥りやすい陥穽は立法に解決を委ねて事足れりとする姿勢であるが、これは傲慢に他ならないのである。

結果として、わが国に古くから存在する紛争解決のための法規範を発見し、それをできる限り定款に成文として記載しておく実務の発展が待ち望まれる。この点では、実業界で活躍されている方々の意見が大いに参酌されるべきであり、その定款規定の法的効力を判断する裁判所の柔軟な態度が要請されるであろう。

第一〇章　中小会社の法規制のあり方について

――商法・有限会社改正試案をめぐって――

はじめに

昭和六一年五月の中小会社の法律的な規制を目的とした商法・有限会社法改正試案の内容については、既に法律雑誌などにおいて、法律専門家によって様々な側面から検討がなされているが、本来、何故このような立法が必要とされているかについて、その背後に隠されている立法意図、あるいはそれを支えている社会哲学の内容についての高い見地からの分析は殆ど行われていない。

戦後に群生した株式会社ないし有限会社形態による中小会社の社会的役割は、我が国経済の復興、高度成長、そして成熟化という節目節目において、大会社に負けず劣らず重要なものがあり、その課題を充分に果たしえたと評価することは決して誤りと言うことはできないであろう。

しかるに、如何なる理由をもって中小会社にとって極めて厳しい法規制が課せられようとしているのか、一般に法律というものについて認識が乏しい中小企業経営者にとって、納得することが大変難かしい事柄である。

そのため、商法学者の大先輩諸氏が長時間の審議の末に作成された試案について、その批判を試みることは、法律の素人としては気後れがして回避する結果になり易い。

しかし、その法律が中小企業者の「実感」からしておかしいという気持は残るから、言葉には表現できないもどかしさが欲求不満として後々までも心の片隅に潜むことになる。

法律の遵守は、その法規制の目的と内容について規制を受ける者の充分な合意が獲得される場合にのみ、達成される。中小会社の法規制についても同様であり、中小企業者が改正案について同意できなければ、折角の法律も無視され、立法者の努力も水泡に帰すであろう。

そのような結果に陥らないためには、立法担当者は中小企業の本音に謙虚に耳を傾け、立法作業の手順に修正を加える段階に達しているのではなかろうか。

現在の立法参画者の陣容における最大の弱点は、中小企業の実態や中小会社の運営について知識・経験を有する人材が極端に少ないということである。

特に、商法学者に中小会社法のエキスパートが少なく、中小会社の実態をまるで知らない学者が立法作業を担当していることが、混乱を増幅させている嫌いがあり、真に寒心に耐えない。

前置が長くなったが、中小会社法の専門家として、現在私が思っていることを次節以下で述べてみたい。

第一節　経済的自由主義の定着

第二次大戦後、わが国において中小企業が有限責任という特典を享受できる物的会社、すなわち株式会社または有限会社として設立されるという現象が生じ今日に至っている。このことは、経済的自由主義のわが国における定着のメルクマークとして肯定的に評価すべき事態である。

企業が如何なる形態で設立することが可能であり、また実際にどのような形態が使用されているかという問題は、一国における経済制度の成熟度をはかる指標として、商法学においても、また経済史学においても無視し得ない。

戦後における中小株式会社の群生という事態を正当に評価し得た商法学者および経済史学者は、中小企業を実証的に研究し、かつ肯定的に把握する学者に限られている。

しかし、不幸にも、商法学者の大部分は中小株式会社の存在を「病的な現象」として否定的に捉える誤りを、長い間、犯していた。

その根本的な原因は、企業制度についての歴史的な研究がおろそかにされていたところにある。利益衡量論による解釈法学が全盛であった学界において、企業制度の歴史的研究は地味な作業であり、日の当らない研究分野であった。

私自身も専門分野ではなく、また本書の主題とはずれるので深く言及しないが、一九世紀中葉から二〇世紀初頭のイギリスの企業制度の変遷が今日のわが国における会社制度を理解するためには不可欠であると断言できる。

では、その歴史的意義はどこにあるか簡単に述べると、中小資本家が特権的独占企業に政治的に勝利して経済的自由主義を樹立した点、すなわち産業資本主義の確立がその経済史的な意義である。一八四四年に従来のジョイント・ストック・カンパニーが法人格を付与され、一八五五年に有限責任も認められて、一応、一八六二年に会社法として制定法化された。そして、後に、一九〇七年会社法に至り、このような中小会社が私会社（プライベート・カンパニー）として株式会社の一形態であることが法律上明確にされた。

つまり、従来は独占的な大企業に使用が限られていた株式会社形態を、中小企業家も利用することが認められたのであり、これは産業ブルジョワジーの勝利の帰結であった。

戦後のわが国においては、財閥解体・過度経済力集中排除などの戦後改革において、相対的に中小資本家の勢力が強まり、なし崩し的に株式会社形態の奪取に成功したのであって、占領終結後の旧財閥系企業の再結集を経過しても、産業民主化と経済的自由主義の定着を逆転することは、最早、不可能になったのである。

僅かの資本で会社を設立し、有限責任を享受できることは、金融資本による産業支配を防止し、中小の産業資本家の経済活動の自由を保障するものであり、譲り渡すことのできない既得権益である。

戦争で散華した人々の血で購った経済的な自由を一片の法律で手放す程に中小企業家は愚かではないと言うべきであろう。

経団連（当時）が立法作業に関与し、試案に賛成している真意が奈辺にあるか、中小企業の指導者は警戒を怠ってはならないであろう。戦前の如き状態に復帰することはあり得ないと思うが、経済的自由主義の破壊に連なる法律であれば、その出現には断固反対すべきであろう。

第二節　大会社規制との相違点

昭和四九年と昭和五六年に、大会社を対象として規制を強化する商法改正が実現したことを根拠に、今回は中小会社について規制強化を行う順番であるとの見解には賛成し難い。確かに合理的な改正を実現することには賛成であるし、現実に改正試案の規定には中小会社にふさわしい内容のものが多数含まれている。その意味では商法改正自体に反対するものでないことは勿論であり、中小企業団体の殆ども同様の考え方であろう。しかしながら、改正試案の規定の中には、不必要に干渉主義的な規定も散見されるのである。

中小会社に関する法規制は、原則として任意的でかつ緩やかなものにすべきである。これに対して、わが国の大会社に関する法規制は、厳しく実施されなければならない。

この差異は、私が、中小会社に好意ないし利害をもっており、大会社に対して偏見をもっているがためであると誤解されてはならない。私は、自由主義というものが政治的にも経済的にも維持されるに値する思想であると確信しており、一個の確信的自由主義者として、自由を脅かす存在となりかねないわが国の大会社の規制に賛成しているのである。

私が危惧するのは匿名性のもつ危険である。

この点、中小会社の株主（株式会社）または社員（有限会社）の殆どは自然人であり、資本を出した者が誰であるか明白である。また、資本の提出者が市民であることは、市民社会の論理と倫理に基づいて行為することを期待することが可能であって、従って、市民社会を基盤として形成される国家の法秩序に従うこともまた期待される。

それ故に、市民法として形成された商法の私的自治の原則に従って、会社に関する私的利害の調整が図られるとしても中小会社に関しては不都合が生じないと言うべきである。

最近の消費者保護法のような法律にみられる国家の干渉は、市民社会の市民社会たる所以である資本搬出者（株主や会社債権者）にとって不必要であるばかりか、その活動を制約することになりかねない。

資本をもって取引社会に参加する者には、自己責任の原則があてはまるのであって、自分の金（資本）の保全を他人の手、特に国家の配慮に委ねることはできない。そのような者は本来の市民社会（資本主義経済機構）に参加する資格のない者である。

このような取引社会の厳しさに耐られない者まで保護しようとするから、中小会社の規制を強化しようとする誤った考え方をする学者も現れるのである。経済的自由主義の立場からは、国家の干渉的な中小会社規制という発想は考えられない。

これに対して、わが国の大会社の個人株主比率は三割を下回り、まだまだ減る傾向にある。自然人である資本家の消滅という事態は、健全な市民社会の維持を困難ならしめ、市民社会においてのみ花を咲かせることができる自由、およびそれから派生する諸々の徳目を奪い去り、人々を窒息死せしめる。

資本家の存在しない巨大企業は、市民法たる商法の本来予想しない怪物であり、この怪物が社会に害悪を流さないために課されているが、大会社のための法規制であり、商法ないし商法特例法として規定されているとしても、その法的性格は経済法の「範疇」に入ると考えられる。

つまり、大会社の規制強化は市民社会の形骸化を防止するためのものであるから、市民社会の住人である中小会社には不必要である。

第三節　自由社会を支える中小会社

経済的自由主義を最初に体系化したアダム・スミスの想定していた経済活動の担い手は、中小の商工業者であった。

当時の特権的な独占企業に対抗して興隆しつつあった中小商工業者にこそ、自由な社会の建設という役割が付与されたのであり、アダム・スミスの予想通り一九世紀の後半に産業資本主義の確立とともに、自由な社会がイギリスに誕生したのであった。

一般に株式会社という法人形態については、自由社会の建設という観点から疑念が表明されており、今日の時点においても検討に値する問題を含んでいる。

巨大な株式会社は、巨大なるもの、自然人でなく虚構のものとして、自由社会を圧殺する可能性を秘めている。個々の市民は相対的に弱く孤立しており、巨大会社を相手に対等に振る舞うことができず、知らずしらずのうちに、自由で能動的な活動が制約されてしまう。

このように、自由の具体的な実現可能性を論ずると、企業制度としての株式会社の妥当な規模が如何なるものか問題となりうる。

この企業規模の適正さの重要性を唱えた思想家として、ヴィルヘルム・レプケがいる。

企業規模が過大になると社会に害悪を流すので、適正な規模の企業が維持されるように、企業規模構造政策の必要性を強調している。ヨーロッパには自由主義の伝統が根付いており、このような思想は、ジョージ・ゴイダーやE・F・シューマッハーなどに受け継がれている。

すなわち、スモール・イズ・ビューティフルの提唱である。その内容は、中小企業論の学者によって我が国でも紹介済みであり、幅広い支持を得ているので本書では省略する。

結局、自由社会の維持という観点からは、株式会社の規模に制約がなければならないという警告が発せられているのであって、わが国においても無視し得ない洞察であろう。

この点からみて、中小の株式会社は自由社会を破壊に導く危険性を保有していない。出資者である株主や経営者もあらわであり、大株式会社の場合のように匿名性の陰に隠れているわけではない。資本金額も地域社会の総体に比較するとささやかなものであり、経済的な権力を濫用して周囲の市民に脅威を及ぼす心配はない。むしろ、良き住民として地域社会と同化することができなければ、企業として経済活動を営むことが不可能になる。

本来、経済活動は社会生活を維持するために必要な社会活動の一部分に過ぎず、経済が社会に埋め込まれていること、あるいは経済が社会全体に従属していることが、正常な状態であることが、最近の経済人類学の成果によって明らかとされている。

その意味では、いわゆる企業城下町というように、地域社会全体が一企業の浮沈に依存しているが如き状態は本末転倒したものである。

わが国では戦後になってようやく産業民主化と経済的自由主義が実現したのであって、自由主義の理念の定着も決して長くはない。

構造政策といえば産業構造政策だけが念頭に浮かび、地域構造政策や企業規模構造政策の重要性が失念されている。自由主義の見地からする企業規模構造政策の発動が今や要請されている。

中小会社の法規制もこのような高度な経済政策的配慮をすることが必要であり、中小会社をあたかも奇型児扱いするが如き発想は誤りである。大会社こそが市民社会のコントロールを脱する恐れのある怪物になっているのであり、市民法が許容した近代株式会社の「範疇」を逸脱しているのである。むしろ、わが国の現在の中小会社こそが、本来の株式会社の姿に近いとも言えるのである。

むすび

私がこれまで述べてきたことは、従来の商法学者、特に実務法学を旨としている学者にとっては奇妙な考え方に映るかもしれない。私自身も、実用的な商法学の研究に携っており、むしろ細かな解釈論の彫琢に注意を向けるタイプである。

しかし、同時に経済法の研究にも従事しており、その方面から株式会社の法的規制を考察すると、商法学の常識では得られない発想を手にすることができたのである。

また、幸いというべきか、私の研究活動は、イギリスの小規模会社（私会社）の法律構造を解明することから始まり、中小会社（ないし同族会社）における相続を契機とする企業の承継に関する法律学的研究に忙殺されている現在まで、主として中小企業に関する法律問題に主眼を置いてきた。

その意味では、中小株式会社および有限会社に関するわが国では数少ない専門研究者の一人であると自認している。

さらに、私は、中小会社の株式や持分を所有している立場であり、利害関係者の一人であるとともに、中小会社の実態を知っていると些か自負している。これらの株式や持分は、相続とか友人の会社設立に際しての引受けによって所有することになったのであるが、中小会社における運営の実態を知る上で大変役に立っている。

大会社については、株主にどのような情報が与えられているか研究するために、一単位の株式を購入する商法学者も多数あると思うが、中小会社の運営実態を知るために、株式や持分を取得する商法学者はめったにいないし、また、譲渡制限があるので株式や持分を取得すること自体も難しいことであろう。

最後に、以上のような個人的な事柄を明らかにしたのは、中小会社の法律的な研究に従事し、その法規制について論じるためには、当該研究者が中小会社について愛着をもち、中小会社の果たす社会的役割について公平に評価できる人物でなければならない、という自論を私が抱いているからである。

立法参画者には、明らかに大企業や大金融機関と利害を共通する商法学者も含まれているので、逆に中小企業サイドに立っていると批判されようとも、あえて私のよって立つ基盤を鮮明にし、読者の賢明な審判に身を委ねようとした次第である。

《付録1》

「会社法制の現代化に関する要綱試案（二〇〇三年一〇月二九日）」中小会社関係部分抜すい

目　次

第一部　基本方針

1　会社体制の現代語化

会社に関して規定する商法第二編、有限会社法、株式会社の監査等に関する商法の特例に関する法律（以下「商法特例法」という。）等について、次のような方針による現代語化を行うものとする。

(1)　片仮名文語体で表記されている商法第二編、有限会社法等の各規定について、平仮名口語体化を図る。
(2)　用語の整理を行うとともに、解釈等の明確化についても必要に応じ規定の整備を行う方向で検討する。
(3)　商法第二編、有限会社法、商法特例法等の各規定については、これらを一つの法典（会社法（仮称））としてまとめ、分かりやすく再編成する。

2　実質改正

会社法制の現代語化の作業に合わせ、会社に係る諸制度間の規律の不均衡の是正等を行うとともに、最近の社会経済情勢の変化に対応するための各種制度の見直し等「会社法制の現代化」にふさわしい内容の実質的な改正を行うものとする（第二部から第六部まで参照）。

第四部　株式会社・有限会社関係

第一　総　論

1　株式会社と有限会社の規律の一体化

多くの株式会社の実態等を踏まえ、株式会社に関する規律について、有限会社に関する規律との一体化を図るものとする。

（注）株式会社と有限会社の両会社類型について、一つの会社類型として規律する方向で検討する。

2　譲渡制限株式会社における有限会社型機関設計の選択的採用

譲渡制限株式会社について、現行の有限会社の機関に関する規律に相当する規律の選択を認めるものとする。

（注一）「現行の有限会社の機関に関する規律に相当する規律」の主なものは、次のとおりである。

① 法定の機関たる「取締役会」が設置されない。
② 取締役の員数は、一人以上で足りる。
③ 株主総会は、強行規定に反しない限り、いかなる事項についても決議することができる。
④ 監査役の設置は、義務付けられない。
⑤ 取締役・監査役の任期規制がない。
⑥ 取締役の資格について、定款をもって株主に限定することも禁止されない。
⑦ 取締役の選任決議の定足数について、特別の規制がない。
⑧ 株主総会招集通知への会議の目的事項の記載又は記録を要しない。
⑨ 各株主に単独株主権として総会における議題提案権が認められる。
⑩ 株主総会の会日の一週間前（定款で短縮可能）までに招集通知を発すれば足りる。

（注二）「譲渡制限株式会社」とは、発行する全部の種類の株式について、その譲渡につき承認を要する旨の定款の定めがある株式会社（第三・**1**(3)①参照）をいう。

（注三）　譲渡制限株式会社のうち大会社に相当するものの機関設計の選択については、第四・一一参照。

〔関連規定〕　商法第二編第四章第三節、有限会社法第四章

第三　株式・持分関係

1　株式等の譲渡制限制度

(1)　株主・社員間の譲渡に係る取扱い

①　有限会社における社員間の持分の譲渡については、譲渡制限株式会社の株式の譲渡と同様、原則として会社の承認を要するものとする。

②　譲渡制限株式会社及び有限会社においては、定款をもって、株主又は社員間の譲渡につき承認を要しない旨を定めることができるものとする。

〔関連規定〕　商法二〇四条一項ただし書、有限会社法一九条二項

(2)　譲渡制限に係る定款記載事項

株式・持分の譲渡制限制度に関して、定款をもって、次に掲げる事項を定めることができるものとする。

①　特定の属性を有する者に対する譲渡については、承認権限を代表取締役等に委任し、又は承認を要しないものとすること。

②　相続、合併等の譲渡以外の事由による株式・持分の移転についても、承認の対象とすること。

③　譲渡を承認しない場合において先買権者の指定の請求があったときの先買権者をあらかじめ指定し

ておくこと。

④　株式会社において株主総会を承認機関とすること。

〔関連規定〕　商法二〇四条一項ただし書、有限会社法一九条二項

第六部　その他

1　新たな会社類型

出資者の有限責任が確保され、会社の内部関係については組合的規律が適用されるというような特徴を有する新たな会社類型を創設する方向で検討する。

（注）　新たな会社類型の規律の骨子として、次のようなものが考えられるがどうか。

1　会社の内部の関係

(1)　会社の内部の関係は、基本的に合名会社の規律に準ずるものとする。例えば、社員の入社、持分の譲渡、会社成立後の定款変更は、原則として総社員の一致によるものとする（商法七二条、七三条参照）。

(2)　各社員は、やむを得ない事由があるときは、定款の定めにかかわらず、退社（社員たる資格を消滅させること）できるものとし（商法八四条参照）、解散判決及び除名についても、合名会社と同様の制度を設けるものとする（商法八六条、一一二条参照）。

（注）　譲渡による投下資本の回収は、制度として保障しないものとする。

(3)　原則として、社員全員が会社の業務を執行する権限を有するものとし、定款又は総社員の同意により社員の一部を業務執行者として定めることができるものとする。

(注)　社員である法人が業務執行者となる場合の規律については、法人無限責任社員（第三部・三）を認める場合の規律の在り方と併せてなお検討する。

《付録2》

商法・有限会社法改正試案（昭和六一年五月一五日 法務省民事局参事官室）

〈商法・有限会社法改正試案について〉

一　当参事官室は、昭和五七年来法制審議会商法部会が検討してきたところに基づき、昭和五九年五月に「大小（公開・非公開）会社区分立法及び合併に関する問題点」を公表し、広く各界に意見を求めたところ、多くの関係団体から有益な意見が寄せられた。

二　その後、同部会は、右の意見を参考として審議を進め、この程中小会社を主眼にした商法及び有限会社法の改正の基本問題について一応の討議を終えた。

そこで、右の討議に即して、民事局参事官室の改正試案を作成し、これについて再度各界の意見を聞いた上、今後の改正作業を進めることが適当であると考え、右試案を公表することとした。

三　この試案は、株式会社及び有限会社の規模、閉鎖性等の態様に即応した法規制並びに合併、組織変更その他の事項に関し重要と認められる点について、その改正の方向を示すものである。

四　法制審議会商法部会は、この試案に関し各界から意見が寄せられるのを待ち、改めて商法及び有限会社法の改正のための審議を再開する予定である。

昭和六一年五月

法務省民事局参事官室

〈商法・有限会社法改正試案〉

三　株式・持分

8a　株券が市場において流通しない株式会社又は有限会社において、一部の株主又は社員の利益に関し著しく不公正な取扱いがされているときは、その株主又は社員は、会社に対し、その株式又は持分につき買受人の指定の請求をすることができる。

㈱　株券が市場において流通しない株式会社は、上場会社と店頭登録会社（証券取引法施行令三条）以外の会社とする（限定して規定するかどうかは、なお検討する）。

b　買受人の指定をしたときは、会社は、aの株主又は社員に対しその旨の通知をしなければならない。

c　aの請求があった場合において、会社は、配当可能利益の存する限度で、株式又は持分の買取りをすることができる。

d　会社が買受人として指定した者又は会社が一定の期間（例えば三週間）内にaの株主又は社員に対し買取りの申出をしないときは、会社を代表すべき取締役が買受人となったものとみなす。

㈱　複数の代表取締役があるときは、連帯して買受人としての責任を負う。

e　dの買取りの申出は、一株又は出資一口当たりの純資産額に当該株式数又は出資口数を乗じた金額を供託したうえしなければならない。

f　売買価格についてのみ合意が成立しないときは、売買価格決定の裁判（非訟事件。商法二〇四条ノ四参照）による。

㈱1　当事者間に買取請求権の存否について争いがあるときは、売買価格をも含めて訴訟手続によって決する。

2　訴訟手続について特則（調停前置その他の裁判所の負担を軽減するための措置等）を設けることの要否については、なお検討する。

六　解　散

（解散判決）

2a　株主数五〇人以下の株式会社及び株式の譲渡制限の定めをした株式会社並びに有限会社にあっては、解散判決（商法四〇六条ノ二、有限会社法七一条ノ二）の請求権を単独株主権・単独社員権とする。

㈱　aを適用する会社の範囲については、なお検討する。

b　正当の理由なく会社が一年以上営業を休止しているとき（商法五八条一項二号参照）も、商法四〇六条ノ二（有限会社法七一条ノ二）第一項の解散請求事由に加え、同項各号の事由を例示として、その他やむを得ない事由があることを解散請求事由とする。

c　他の株主・社員は、原告の株式・持分の売渡しを請求することができる（手続は三3と同じ）。

㈱1　cによって他の株主・社員が原告の株式・持分を買い取ると、解散判決の請求は却下される。

2　解散訴訟の過程で、裁判所が管理命令等の処分をすることができるものとするかどうかは、なお検討する。

3　売渡請求権を認める場合を限定すべきかどうかは、なお検討する。

事項索引

あ

アメリカ法における閉鎖会社法理……48
新たな事業機会の創出……123

い

委員会等設置会社…100, 101, 108
イギリス会社法……10, 167, 168, 171, 188
——における強制清算制度……166
——による救済制度(1948年会社法210条)……171
——の沿革……11
——の立法経緯……47
イギリス支払不能法(1986年)……167
イギリスの企業制度の変遷…188
イギリスの小規模会社(私会社)の法律構造……194
意見陳述権……104, 105
意思決定機関……38, 92, 99
萎　縮……123
一名の取締役……109
一般の不法行為責任と競合…120
一般募集……130, 134, 136
委　任……95, 113
已むことを得ざる事由…165, 166
印紙額……118
インターネット……150

え

営業報告書……147, 148, 149
英国1986年支払不能法(Insolvency Act) 122条(1)項(g)号……166
英米法……114
営利社団法人……6
営利性……30
——と公共性の関係……29
営利追求……124
——の自由……30
縁故募集……136

か

会計監査……101, 113
——の権限……101
会計監査権……106
会計監査人……101
会計調査権……106
会計帳簿……145, 147
解散登記……95
解散判決……165
会　社
——に対する責任原因……115
——の解散……162
——の業務執行……92
——の経営者……122
——の資金調達の便宜……135
——の実態に応じた解決…178
——の定款……181
——の利益のために善意で…52

会社運営がデッド・ロック
(暗礁)に乗り上げた……… 164
会社運営の行き詰まり……… 162
会社設立の実務……………… 180
会社全体の利益のための善意…51
会社代表行為……………………99
会社・取締役間の訴訟代表権
…………………………… 106
会社破綻の結果責任………… 126
会社分割制度………………… 176
会社分割による解決の提案… 175
会社分割の事例……………… 176
会社法……… 12, 153, 168, 169, 188
——の特別の原則………… 170
会社法学の革新……………… 178
買取請求権の提案………………58
解　任……………………………95
確定決算主義………………… 147
貸付金………………………… 127
過重な手続規定の省略…………76
過少資本……………………… 127
課税所得の計算……………… 146
過度経済力の集中排除……… 188
株　式
数種の——………… 68, 70, 102
株式会社…………… 2, 35, 55, 158,
160, 185, 194
——から有限会社へ……… 160
——と中小会社………………… 4
——における投資の回収……55
——の解散登記…………… 161
——の監査制度…………… 101
——の規模………………… 193
——の譲渡制限………………55
——の設立登記…………… 160
——の法的規制…………… 194
株式会社形態………………… 188
株式引受人………………………35
株式分割……………………… 129
株式法………………………………2
株式・持分………………… 13, 55
——の譲渡制限………………13
——の相続制限………………16
株　主
——が有する合理的期待… 181
——の主観的判断で善意……51
——の新株引受権……… 15, 131
——の有する期待………… 182
株主間契約………………………68
——の有効性…………………68
株主間における定款の効力……47
株主間の(内部)紛争の解決と
その予防………………… 173
株主間の持株比率…………… 164
株主・社員全員の承認による
株式・持分の譲渡……………89
株主・社員の会社からの退社
………………………… 65, 67
株主・社員の責任強化……… 126
株主・社員の有限責任……… 126
株主全員の合意の効力…………86
株主総会…………………………92
——の決議………………… 161
——の権限………………… 109
——の特殊決議…………… 160
——の特別決議…… 50, 135, 162
——の普通決議………… 94, 102
——や取締役会の形骸化……76
株主総会決議の瑕疵……………99
株主総会決議不存在確認の訴え

…………………………………81
株主相互間の契約関係…… 49, 180
株主代表訴訟………………… 118
株主割当…………… 130, 131, 136
神の見えざる手…………………30
監査委員会…………………… 101
監査報告書…………………… 113
——の作成………………… 106
監査法人……………………… 101
監査役………… 91, 92, 98, 100, 101, 106, 109, 111, 112, 125
——の監督権限…………… 107
——の権限………………… 112
——の資格………………… 103
——の職務権限……… 106, 113
——の選任………………… 102
——の地位………………… 102
——の調査……………………44
——の独立性……………… 105
——の任期………………… 103
横すべり——……………… 103
監査役会……………………… 101
監視義務…………………………97
勘定元帳……………………… 145
間接損害……………………… 120
完全無議決権株式………… 71, 72
鑑定評価…………………………43
監督機関…………………………92

き

議員立法……………………… 118
機　関…………………… 38, 91
期間損益計算………… 143, 144
企業会計……………………… 144
——と税務会計… 143, 146, 149
——の意義………………… 143
——の真実性……………… 144
企業会計原則………………… 146
企業会計法…………………… 147
企業家精神…………………… 123
企業規模構造政策…………… 193
——の必要性……………… 192
企業制度としての株式会社の妥当な規模………………… 192
企業の営利性と公共性…………28
企業の経済的機能………………28
企業の承継…………………… 194
議決権制限株式…………… 68, 70
狭義の——……………… 71, 72
広義の——……………………72
議決権制限持分…………………73
議決権のある株主全員による合意事項は会社を拘束する……………………… 77, 85, 90
議決権の代理行使………………98
議事録…………………… 98, 116
既得権益……………………… 188
基本定款………………… 10, 47
客観的な解釈……………………52
救済命令……………………… 171
休眠会社の整理………… 95, 112
強制解散……………… 162, 165
強制解散制度………………… 165
強制清算………… 157, 162, 163, 165, 166, 169
——と準組合法理………… 166
——の役割………………… 162
強制清算制度………………… 167
業務監査……………………… 101
業務監査権限……………………96

業務執行……………………… 111
——の意思決定機関…… 92, 101
——の決定権限………………96
切捨て増資…………………… 140
近代株式会社の範疇………… 194

く

組　合……………………7, 9, 79
組合法………………………… 169

け

経営権をめぐる紛争の解決… 173
経営者支配…………………… 109
経営判断……………………… 125
軽　減………………………… 116
経済史的な意義……………… 188
経済人類学の成果…………… 193
経済政策的配慮……………… 194
経済的自由主義…… 189, 191, 193
——の定着…………… 187, 188
経済法……………………… 30, 31
——の研究………………… 194
——の範疇………………… 191
計算書類…………… 147, 148, 149
——の閲覧………………… 151
——の公告………………… 151
——の作成…………… 143, 147
——の承認………………… 149
計算書類規則………………… 148
継続条項…………………………19
契約関係……………………9, 46
契約法的な理論構成…… 10, 11, 47
欠格事由…………………93, 103
結果責任…………121, 122, 124, 128
決議に賛成した取締役……… 116
検査役……………………………40
——の選任……………………38
——の調査…………… 40, 42, 43
——の調査の免除……… 41, 43
原始社員…………………………37
現実の適用傾向……………… 120
原始定款…………………………38
健全な市民社会の維持……… 191
兼任禁止……………………… 103
現物出資…………35, 38, 39, 43, 138
現物出資・財産引受と調査……39

こ

ゴイダー，ジョージ………… 192
ゴーイング・コンサーン………58
公開会社……………… 2, 4, 6, 154
公開株式会社………………… 134
公開有限責任会社……………… 3
公共性……………………………30
公　告…………148, 150, 151, 153
——の方法………………… 150
公告手続……………………… 149
従来からの——…………… 152
公証人………………………… 181
——の認証……………38, 181
公正な会計慣行………… 145, 146
構造政策……………………… 193
合同行為………………………… 9
合同行為説……………… 9, 10, 46
公認会計士…………………… 101
衡平法…………………… 166, 170
衡平法上の考慮………… 169, 170
公　募………………………… 136
合名会社
——の活動関係………………25

——の財産関係……………………24
——の特色…………………………23
小会社………………………… 101, 106
——における特例措置…… 106
国家の干渉的な中小会社規制
…………………………… 191
国家の見える手……………………30
コンピューター会計………… 148

さ

債権者保護手続………… 159, 161
最高意思決定機関…………… 109
財産引受…………… 38, 40, 43, 138
財産法………………………… 144
財産法的な発想……………… 144
財閥解体……………………… 188
裁判所の適切な救済命令…… 171
サロモン会社事件判決……… 123
産業構造政策………………… 193
産業資本主義の確立…… 188, 192
産業ブルジョワジーの勝利… 188
産業民主化……………… 188, 193
残余財産の分配……………… 143

し

私悪と公共善の関係……………32
私会社…………………… 3, 9, 168,
174, 188, 194
——の基本的法構造…………11
——の定款の効力……………10
資格株……………………………93
自己株式・自己持分の取得……60
自己株式（自己持分）の取得
規制の緩和………………………65
自己株式取得……………………61
——の原則禁止から原則認
容へと転換…………………66
自己株式取得制限………………60
事後設立………………………… 42, 45
市場の自動的調節作用…………31
自然人………………………… 190
執行機関…………………………99
執行役………………………… 101
執行役制度…………………… 103
実質的な組合………………… 168
実質的には無限の責任……… 124
実務法学………………… 179, 194
——の確立………………… 180
私的自治の原則……………… 190
辞任監査役……………… 104, 105
支配株主………………… 126, 127
支配社員………………… 126, 127
資本家の存在しない巨大企業
…………………………… 191
資本主義精神の発揚………… 123
資本増加と定款変更………… 136
資本の総額…………………… 137
市民社会……………………… 190
——の論理と倫理………… 190
市民法たる商法……………… 191
社　員
——の出資引受権………… 139
——の除名……………………17
——の退社……………… 17, 27
——の有限責任…………… 126
社員関係………………………… 6, 7, 8
社員権理論………………………29
社員総会……………………… 109
——と一名の取締役… 109, 111
——の決議………………… 159

——の権限…………………… 108
——の特別決議……… 138, 158
社員相互間の法律関係………… 8
社外監査役…………………… 101
社会の「公器」…………………29
社債の償還を完了…………… 161
社団法人……………………… 7
社団法理……………………6, 7, 78
——からの決別…………… 180
——の限界………………… 6
——の墨守………………… 178
自由企業体制……………………30
自由社会
——の維持………………… 193
——の建設………………… 192
——を支える中小会社…… 191
主観的な善意……………………51
授権株式数…………………… 130
授権資本制度………………… 136
出資口数の増加……………… 137
出資の払込み………………… 140
出資の引受け………………… 139
出資引受権…………… 16, 138, 139
シューマッハー, E. F.……… 192
準組合…………… 46, 78, 114, 168
——である中小会社……… 165
——の意思決定……………88
準組合会社……………… 167, 169
準組合概念…………………… 169
準組合法理………… 8, 9, 47, 78, 79, 80, 90, 158, 169, 180
——の適用……………… 7, 169
ジョイント・ストック・カンパニー…………………… 11, 188
少額の免除………………………41
商業帳簿………………… 145, 147
常勤監査役…………………… 101
承継条項…………………………19
招集権者…………………………97
招集通知…………………97, 110
招集手続の省略……………… 110
上場会社………………… 2, 6, 174
少数派株主…………………… 164
譲渡制限…………………………55
譲渡制限会社…………… 131, 141
——における自己抹式の取得…………………………62
——における新株発行…… 135
譲渡制限規定……………………56
承認事項…………………………19
商　法………………………… 1
——旧210条ノ3の規定の削除…………………… 23, 66
——の計算規定…………… 144
——平成6年改正による取得緩和……………………………61
——平成6年改正の趣旨……63
——平成13年改正……………22
——平成13年改正の位置付け…………………………65
商法改正(昭和41年)……………14
商法改正試案………………… 185
商法監査特例法………… 102, 106
商法上の株式会社の機関………92
商法施行規則…………… 148, 150
証明・鑑定評価に関する弁護士等の責任……………………44
消滅時効の期間……………… 120
職務懈怠行為………………… 120
所得計算の規制……………… 146

除　名……………………………27
書面決議………………… 98, 111
——の持ち回り………………98
所有と経営の一致……… 76, 91, 92
仕訳帳……………………… 145
人為的に定立する法律……… 182
新株発行…………………… 129
——における現物出資………45
——の態様………………… 129
新株引受権…………… 15, 131, 132
新株予約権に関する利益…… 118
信認的法律関係……………… 114

す

数種の株式…………………… 102
スモール・イズ・ビューティフルの提唱…………………… 192

せ

正規の手続を欠く決議の効力…………………………………77
清算人……………………………95
正当かつ衡平……… 166, 167, 169
税務会計…………………… 146
税務会計法………………… 147
責任軽減の限度……………… 117
責任軽減の実現性…………… 118
責任軽減の対象……………… 117
責任の軽減……………… 118, 125
責任の免除…………………… 116
設　立……………………………35
設立証書…………………………11
設立登記…………………………36
善意かつ無重大過失………… 117
全員出席総会の決議の効力……80
全員出席総会の事案……………81
善管注意義務……… 113, 114, 115
戦後改革…………………… 188
選　任………………… 94, 111, 112

そ

総株主の同意…………… 110, 116
増　資………………… 129, 132
総社員の同意……………… 110
相当因果関係……………… 120
創立総会…………………………35
組織変更……………… 36, 157, 158
——後の公告及び通知…… 160
——の意義………………… 157
——のための社員総会の決議…………………………… 159
——の登記…………… 160, 161
——の要件…………… 158, 160
損益計算書………145, 147, 148, 149
損害賠償責任………… 117, 120
損失処理案………… 147, 148, 149

た

大会社……………………… 101
——のための法規制……… 191
大会社規制との相違点……… 189
大規模公開会社…………… 132
第三者割当……… 130, 134, 136
第三者割当増資…………… 134
貸借対照表……………… 145, 147, 148, 149, 153
——またはその要旨を公告…………………………… 149
大小会社区分立法………… 154
退職慰労金等……………… 118

対第三者責任……………………125
対内的業務執行…………………99
退　任……………………………95
退任登記…………………………95
代表訴訟…………………………118
代表取締役…………92, 96, 97, 99, 100, 111, 113
——の取引行為…………………99
大和銀行事件……………………118
多数派株主………………………164
——による少数派株主の持株の買取……………………176
「妥当な価格」による買取……166
単純多数決の原則………………164
単純な組合法理…………………8
——と準組合法理の相違点…79

ち

地域構造政策……………………193
中会社……………………………101
忠実義務…………………114, 115
中小会社…………5, 91, 92, 96, 124, 128, 162, 194, 195
——からの退社…………………28
——と準組合法理…………6, 78
——とデッド・ロック……163
——の解決指針…………………174
——の活力の推進………………128
——の株主総会…………………80
——の強制清算…………………162
——の業務運営の簡素化……78
——の業務運営の実態………75
——の経営責任…………124, 128
——の実態………………………114
——の商法上の定義…………13
——のスピン・オフ…………175
——の設立手続…………………35
——の相続………………………194
——の相続制限…………………18
——の組織変更…………………157
——の退社と除名………………60
——の定款の効力………………46
——の定款変更…………………49
——の内紛の解決とその予防…………………………173
——の果たす社会的役割…195
——の紛争の発生………………174
——の法規制……………185, 186
——の法律上の定義……………1
中小会社法………………………186
中小株式会社の群生……………187
中小企業…………………………153
中小企業家………………188, 189
中小資本家………………………188
中小商工業者……………191, 192
中小の産業資本家………………188
超過収益力としての暖簾（営業権）…………………………59
直接損害…………………………120

つ

通常定款…………………………10, 47
通常の新株発行…………129, 130

て

定　款…………………9, 46, 181
——と準組合法理………………46
——の拘束力……………………10
——の効力………………………47
——の作成………………………180

——の絶対的記載事項
……………………… 137, 138
定款規定の法的効力………… 183
定款作成行為…………………… 9
定款作成実務……………… 48, 180
——の革新…………………… 180
——の定着…………………… 180
定款変更………………………… 38, 137
——の手続…………………… 138
定款変更決議………… 48, 50, 137
——の瑕疵……………………… 50
——の可否……………………… 53
定時株主総会…………………… 149
定足数………………………… 94, 98
適正な規模の企業……………… 192
手続規定の不遵守……………… 75
——と準組合法理……………… 75
デッド・ロック………………… 163
電磁的記録の記録……………… 148
電磁的方法による開示（制度）
……………………… 151, 153

と

ドイツ概念法学………………… 178
同意権…………………………… 107
投下資本の回収………………… 58
登　記…………………………… 94
登記事項………………………… 112
道義的責任……………………… 128
同族会社…… 2, 68, 80, 93, 133, 194
特殊の新株発行………………… 129
独占的な大企業………………… 188
特に有利な価額………………… 134
特別決議………………………… 159
——による責任免除……… 119
特別の利害関係………………… 98
特別利害関係人………………… 98
匿名性…………………………… 193
——のもつ危険……………… 190
特権的独占企業………………… 188
取締役………… 91, 92, 93, 98, 101, 110, 113, 116, 126
——の員数・資格……… 93, 111
——の会社に対する責任… 113
——の監視義務……………… 121
——の業務執行……………… 109
——の経営責任……………… 113
——の権限…………………… 111
——の責任強化の提案…… 125
——の責任軽減……………… 119
——の責任免除……… 107, 116
——の選任手続………………… 95
——の選任・任期・退任…… 94
——の第三者に対する責任
……………………… 119
——の退任……………………… 96
——の地位……………………… 91
——の調査……………………… 44
——の忠実義務……………… 114
——の任期…………………… 112
一名の——…………………… 109
取締役会……… 92, 96, 97, 99, 101, 107, 110, 113
——の議事録…………………… 99
——の決議………… 98, 99, 116
——の決議による責任免除
……………………… 119
——の権限……………………… 96
——の構成員…………………… 97
——の招集・運営……………… 97

――の承認……87
――の承認を欠く利益相反取引……87
取締役会議事録の10年保管義務……99, 120
取締役会出席・意見陳述の義務化……107
取締役等の経営責任……124

に

日記帳……145
任意機関……111
任務懈怠……120
任用契約……94

の

望ましい紛争の予防策……181
暖簾分け……177, 178
――をする企業……177

は

配当可能利益の算定……147
払込取扱機関……38
反対株主社員の株式買取請求権……159, 161

ひ

非公開会社……1, 2, 4, 62, 67, 68, 74, 114, 116, 119, 133, 136, 153, 154, 173, 179
――における「所有と経営の分離」……70
――における新株発行……129
非公開会社法……174
非公開株式会社……63, 91, 106, 141, 151, 152, 153
――および有限会社……162
――の監査役……100
――の設立手続……35
非上場会社……2
必要的常設監督機関……96, 99, 100, 101
一人有限会社の許容……36
評価者・鑑定評価者の欠格事由……43

ふ

複数議決権持分……73
不公正に不利益な……171
附属定款……48
附属明細書……147, 148
普通法……170
不動産鑑定士の鑑定評価……43
不動産に関する免除……42
不法行為債権……126
不法行為責任……120
プライベート・カンパニー……3, 188
分　家……177
紛争の危機管理……175

へ

閉鎖会社……3, 173
変更登記……112
弁護士等による証明……43
変態設立事項……38
ベンチャー・ビジネス……123

ほ

「法」……175, 182

――を発見する……………… 182
法規範……………………………… 182
法人格………………… 11, 36, 188
法人格否認の法理…………… 122
――の代替機能…………… 121
法人成り………………………… 120
法定の出資引受権…………… 140
法定の特別責任……………… 120
法務省令………………………… 150
法律家…………………………… 181
法律実務家……………………… 180
法律の作成……………………… 182
法律の遵守……………………… 186
法令・定款違反行為………… 117
ホームページ…………… 150, 151
募集設立…………………………35
補償条項…………………………60
――の有用性…………………59
発起設立…………………………35
発起人……………………………35
発起人等の財産価格塡補責任の
免除……………………………43
本　家…………………………… 177
本来の株式会社……………… 194

み

みなし大会社………………… 101
みなし配当課税…………………67
身分保障……………………… 105

む

無議決権株式……………………69

め

名目的な取締役……………… 121

も

持株買取請求権……………… 161
持株比率の維持……………… 132
持分買取請求権……………… 158
持分の譲渡に関する制約………16
持分の相続に関する制約………17

ゆ

有価証券の免除…………………42
有限会社……… 108, 110, 111, 136,
137, 139, 141, 158, 185
――から株式会社へ……… 158
――における公告義務の
不存在…………………… 154
――における資本の増加… 137
――における増資手続…… 136
――に組織変更…………… 153
――の解散登記…………… 160
――の機関………………… 108
――の自己持分………………63
――の資本………………… 138
――の社員………… 132, 154
――の設立手続………… 36, 37
――の設立登記…………… 161
――の取締役……………… 115
――の非公開性…………… 154
有限会社法……………… 1, 2, 14
――改正試案……………… 185
有限責任……… 12, 154, 187, 188
――の原則……… 120, 123, 128,
137, 140, 144
――の剝奪………………… 128
――の利益……………… 111, 122
有償増資……………………… 130

融通手形…………………………121
誘導法……………………………145

よ

抑圧的……………………………171
横すべり監査役…………………103
四年分の役員報酬等……………117

り

利益処分・損失処理案…148, 149
利益配当
　毎期の——……………………143
立法者……………………………175

る

類似主義…………………………157
累積投票制度……………………94

れ

歴史的意義………………………188
レプケ，ヴィルヘルム…………192
連帯債務者………………………116
連帯責任…………………………116

ろ

労働債権…………………………126

欧文索引

Abfindungsklausel ……………60
Aktiengesetz…………………… 2
Austritt …………………… 65, 67
bona fide for the benefit of
the company as a whole……51
by-laws …………………………48
close corporation ……………… 4
closely held corporation ……… 4
common law ………………… 170
Companies Act…………… 12, 169
compulsory winding up …… 166
dead lock …………………… 163
deed of settlement ……………11
entrepreneurship …………… 123
equitable consideration …… 169
Equity…………………… 166, 170
fiduciary duty ……………… 114
Gesellschaft mit beschrnkter
Haftung ………………………… 2
GmbHG ………………………… 2
Insolvency Act ……………… 166
joint stock company……………11
just and equitable……… 166, 167
oppressive …………………… 171
p. l. c（public limited company）
……………………………………… 3
Partnership Act …………… 169
private company ………… 3, 188
publicly held corporation …… 3
quasi-partnership………………78
quasi-partnership company
……………………………… 167
quasi-partnership doctrine
…………………………… 8, 47, 79
reasonable expectation …… 181
SPIN-OFF …………………… 175
unfairly prejudicial ………… 171
Westbourne Galleries 事件判決
……………………………… 167
Wilberforce 卿 …… 168, 169, 170

条文索引

イギリス会社法(1948)
20条1項…………………… 180
184条 …………………… 168
210条 ……………… 168, 171
222条(f)号………… 167, 169
イギリス会社法(1980)
75条……………………… 171
イギリス会社法(1985)
14条1項……………… 10, 47
459条 ……………… 168, 171
イギリス会社統括法 (1985)
14条1項 ……………… 180
イギリス支払不能法 (1986)
122条(1)項(g)号 ……… 167

商 法
4条1項 ……………… 147
28条3項 ……………… 148
32条 …………………… 145
32条1項 ………… 145, 147
32条2項 ……………… 145
33条 …………………… 145
33条1項 ………… 145, 147
33条1項1号 …………24
33条2項 …………… 24, 147
33条ノ2第1項括弧書 …148
34条 …………………… 145
35条 …………………… 145
36条 …………………… 145
52条 ……………………80
52条1項 ……… 6, 28, 78, 79
54条1項 ……… 6, 28, 36, 78
57条 ……………………36
63条3号 …………… 26, 27
63条5号 …………… 26, 27
67条 ……………………95
68条 …………… 7, 24, 79
70条 ……………… 23, 26
72条 ……………………27
73条 ……………… 13, 28
76条 ……………… 23, 26
80条 ……………… 23, 25
84条2項 ………………27
85条3号 ……… 19, 20, 28
85条4号 ………………27
85条6号 ………………27
86条1項 ………………27
86条1項4号 …………26
89条 ……………………27
91条 ……………………27
100条 …………… 159, 161
112条1項 …………… 165
147条 …………… 7, 13, 19
154条 ……………………13
161条1項 ………………19
166条1項3 ……… 31, 136
166条1項6号 ……… 136
166条4項 …………… 136
166条4項但書 ……… 131
167条 ……………… 38, 181
168条1項5号 …… 40, 42, 43
168条1項6号 …… 40, 42, 43

170条１項 ……………………35
173条１項 ……………………40
173条２項１号 ………………41
173条２項２号 ………………42
173条２項３号 ………………43
173条２項３号括弧書 ……43
173条３項１号 ………………44
173条３項２号 ………………44
173条３項３号 ………………44
173条３項４号 ………………44
173条３項５号 ………………44
173条ノ２第１項 …………44
174条 …………………………35
180条１項 ……………………35
181条１項 ……………………40
181条２項 …………… 41, 42
183条 …………………………35
188条 …………………………36
188条２項７号 ……… 94, 102
188条２項８号 ………… 100
188条２項10号 ………… 151
188条３項 ……………………95
192条１項 ……………………44
192条２項 ……………………44
192条ノ２第１項 …………44
192条ノ２第２項 …………43
193条２項 ……………………45
197条 ………………… 44, 45
197条但書 …………… 44, 45
200条１項 …………… 92, 144
203条２項 ……………………20
204条１項但書 … 4, 14, 15, 17, 18, 62, 89, 90, 131, 133, 179
204条１項本文 ……… 14, 15
204条ノ２第１項 …………57
204条ノ２第４項 …………57
204条ノ２第５項 …………57
204条ノ３ノ２ ……… 57, 65
204条ノ３ノ２第１項 ……63
204条ノ３ノ２第３項 21, 22
204条ノ３ノ２第４項 ……21
204条ノ３第１項 …………57
204条ノ４第１項 …………58
204条ノ４第２項 …………58
204条ノ４第４項 …………58
204条ノ５第１項 …………58
210条 ……… 21, 22, 23, 65, 66
210条４項１号 ……………67
212条 ………………… 66, 67
218条 ……………………… 129
222条１項 ……………………71
222条１項６号 ………… 102
222条７項１号 ………… 102
222条７項２号 ………… 102
222条７項３号 ………… 103
230条ノ10 ……………… 109
231条 ………………… 80, 83
232条 …………………………83
232条１項 ……………………81
232条３項 ……………………81
233条 ……………………… 110
234条１項 ……………………80
236条 ………………… 85, 110
239条１項 ……………………94
245条ノ３第１項 ……… 160
246条２項 ……………………42
246条２項 ……………………45
246条３項 ……………………42
246条３項 ……………………45
247条１項１号 ……… 81, 105

252条 ……………………81
254条１項 … 94, 102, 112, 113
254条２項 ……… 93, 103, 112
254条３項 ……… 95, 113, 115
254条ノ２ ……………93, 103
254条ノ２第１号 …………93
254条ノ２第２号 …………93
254条ノ２第３号 …………93
254条ノ２第４号 …………94
254条ノ３ ………… 114, 115
255条 ………………… 93, 96
256条１項 ………………94
256条２項 ………………95
256条３項 ………………95
256条ノ２ ……………94, 102
256条ノ３ ………………94
257条 ……………………95
259条 …………………… 121
259条１項但書 ……………97
259条１項本文 ……………97
259条２項 ………………97
259条４項 ………………97
259条ノ２ ………………97
259条ノ３ ………………98
260条 …………………… 113
260条１項 ……… 96, 101, 121
260条２項 ………………96
260条２項１号 ……………96
260条２項２号 ……………96
260条２項３号 ……………96
260条２項４号 ……………96
260条４項 ………………97
260条ノ２第１項但書 ……98
260条ノ２第１項本文 ……98
260条ノ２第２項 …………98
260条ノ２第３項 …………98
260条ノ３第１項 ……… 107
260条ノ４第１項 …………98
260条ノ４第３項 …………99
260条ノ４第５項 …………99
261条 ………………… 99, 113
265条 ……………… 86, 87, 88
266条１項 ………… 115, 116
266条１項２号 ………… 144
266条１項４号 ……………86
266条１項５号 ……… 86, 115
266条２項 ……………… 116
266条３項 ……………… 116
266条５項 ………… 116, 119
266条７項 ………… 117, 119
266条７項１号 ………… 117
266条７項２号 …… 117, 118
266条７項３号 …… 117, 118
266条９項後段 ………… 108
266条９項前段 ………… 107
266条12項 ………… 117, 119
266条12項１号 ………… 117
266条12項２号 …… 117, 118
266条17項 ………… 117, 118
266条18項 ………… 117, 118
266条ノ３ …119, 122, 123, 124
266条ノ３第１項 ……… 120
267条 …………………… 116
267条５項 ……………… 118
273条 …………………… 100
273条１項 ……………… 104
274条１項 ………… 101, 106
275条ノ３ ………… 102, 105
275条ノ３ノ２第１項 … 104
275条ノ３ノ２第２項 … 105

275条ノ3ノ2第3項 … 105
275条ノ4 ………………… 106
276条 ……………………… 103
277条 ……………………… 116
278条 ……………………… 116
280条1項 …… 102, 103, 120
280条1項本文 ……………15
280条ノ2第1項 … 130, 136
280条ノ2第1項5号 … 15, 132, 141
280条ノ2第1項9号 … 136
280条ノ2第2項 ……… 134
280条ノ2第4項 ……… 135
280条ノ4第1項 ……… 131
280条ノ5ノ2 ……………15
280条ノ5ノ2第1項 … 15, 132, 141
280条ノ5ノ2第1項但書 …………… 131, 133, 135
280条ノ5ノ2第1項本文 …………………… 15, 131
280条ノ5ノ2第2項 … 135
280条ノ8第2項 …………45
281条1項 …… 106, 147, 149
281条2 ………………… 148
283条 ……………………… 153
283条1項 ……………… 149
283条4項 ………… 153, 154
283条4項但書 ………… 150
283条4項本文 ………… 149
283条5項 ………… 150, 154
283条第1項 …………… 153
283条第5項 …………… 153
284条ノ2第1項 ……… 130
284条ノ2第2項 ……… 130
288条ノ2第1項1号 … 130
293条ノ2 ……………… 137
293条ノ3 ……………… 137
343条 …21, 22, 66, 131, 161, 163
343条1項 ………………50
347条 …………………… 130
347条但書 ……………… 131
348条 …………………… 161
374条4項 ……………… 110
404条 …………………… 162
404条2号 ……………… 162
405条 …………………… 163
406条ノ2 ……………… 165
406条ノ3 …………… 95, 112
408条3項 ……………… 110
417条 ………………………95
489条3号 ……………… 144
498条1項2号 …… 105, 152
498条1項3号 ………… 152
498条1項18号 ……………96
499条 ………………………80

商法（平6年改正前）
210条 ………………………60
210条1号 …………………61
210条2号 …………………61
210条3号 …………………61
210条4号 …………………61
210条後段 …………………61
211条 ………………………61
489条2号 …………………60
商法（平13年改正前）
210条4項 …………………67
166条2項 ……………… 130
204条ノ3ノ2 ……………65

204条ノ3ノ2第7項 ……63
210条5号 …………… 21, 62
210条ノ3 …… 23, 65, 66, 107
210条ノ3第1項 …… 21, 62, 63, 64
210条ノ3第1項但書 21, 63
210条ノ3第2項 … 21, 62, 63
210条ノ3第3項 …… 21, 62
222条1項 …………………69
242条 ……………………72
242条1項 …………………69
273条1項 ……………… 103
280条ノ2第4項 ……… 135
293条ノ5第6項 …………69
商法（平13。14年に改正）
210条4項 …………………67
商法（平14年改正前）
173条3項 …………………42
181条2項 …………………42

商法施行規則
8条1項 ……………… 150
10条 …………………… 151

商法特例法
1条の2第1項 ……… 101
1条の2第3項 ……… 101
1条の2第3項2号 … 101
2条 …………………… 101
2条2項 ……………… 101
4条1項 ……………… 101
18条 …………………… 101
18条の2第1項 ……… 101
21条の5第1項2号 … 108
21条の5第2項 … 101, 108
21条の8第2項1号 … 101, 108
22条 …………………… 106
22条1項 ………… 101, 106
22条2項 ……………… 106
22条3項 ……………… 106
23条1項 ……………… 106
23条4項 ……………… 106
24条1項 ……………… 107
24条2項 ……………… 107
25条 …………………… 108

商業登記法
73条1項 ……………… 160
96条1号 ……………… 140
102条2項 …………… 160

相続税法
27条1項 …………………66

民　法
415条 ………………… 115
500条 ……………………25
644条 …………… 113, 115
651条 ……………………95
653条 ……………………95
674条 ……………………24
709条 ………………… 120
909条 ……………………21

有限会社法
1条2項 …………………37
5条 ………………………36
5条1項 …………………37
5条2項 …………………38

6条3号 ………… 137, 138
6条4号 ……………… 137
6条5号 ……………37, 137
6条6号 ……………37, 137
7条 …………………………38
8条1項 …………… 1, 108
11条 …………………… 100
11条1項 ……… 38, 112, 113
11条2項 ……………… 112
12条1項 ……………38, 140
12条2項 ……………38, 140
13条2項4号 ………… 112
12条ノ2第1項 …………38
17条 ………111, 137, 140, 154
19条1項 …………………13
19条2項 1, 14, 17, 18, 89, 90
22条 ………………………20
23条ノ2 …………… 22, 66
23条ノ3 ………… 22, 66, 67
23条ノ3第1項 …… 22, 66
24条 ………………… 22, 66
24条1項 …………… 21, 63
24条2項 …………………22
25条 …………………… 111
26条 …………………… 112
27条1項 ……………… 111
27条2項 ……………… 111
27条3項 ……………… 111
30条ノ3 ………… 119, 124
32条 ……………… 112, 115
33条 ……………… 100, 113
33条2項 ………… 100, 113
34条 …………………… 113
35条 ……………… 109, 110
36条 …………………… 110
36条ノ2 ……………… 110
38条 …………………85, 110
39条1項 …………………73
40条2項 ……………… 110
41条 …………………… 109
42条 …………………… 111
43条2項 ……………… 113
43条3項 ……………… 113
43条ノ2第1項 ……… 113
46条 …………………… 153
47条 ……… 16, 38, 137, 138
48条 … 16, 21, 22, 66, 138, 158
48条1項 ……………… 159
49条 ………………………16
49条1号 ……………… 138
49条2号 ……………… 138
49条3号 ………… 138, 139
50条 …………………… 139
51条 …………………… 133
51条但書 ……………… 139
51条本文 ……………16, 139
52条1項 ……………… 139
52条3項 ……………… 139
52条ノ2 ……………… 140
53条 …………………… 140
57条 …………………… 140
63条1項 ……………… 110
63条ノ6第1項 ……… 110
64条1項 ……………… 160
64条1項但書 ………… 161
64条3項 ……………… 161
64条4項 ……………… 161
64条5項 ………… 159, 160
64条ノ2 ………… 160, 161
64条ノ2第1項 ……… 158

64条ノ 3 ………… 160, 162
65条 ……………… 159, 161
66条 ……………… 160, 161
67条 ………………………36
67条 1 項 ………… 158, 159
67条 2 項 ……………… 110
67条 3 項 ……………… 159
67条 4 項 ……………… 159
67条 5 項 …… 158, 159, 160
68条 ……………… 159, 161
69条 1 項 ………………37
69条 1 項 5 号 ……………37

有限会社法（平 2 年改正前）
67条 1 項 ……………… 158
67条 3 項 ……………… 158
有限会社法（平13年改正前）
19条 6 項 ………………63
39条 ……………………73

〈著者紹介〉
大 野 正 道（おおの・まさみち）

昭和24年　富山県生れ
昭和47年 3 月　東京大学法学部第一類卒業
昭和53年 7 月　東京大学大学院法学政治学研究科博士課程（民刑事法専攻）単位取得満期退学
平成 2 年 4 月　筑波大学助教授社会科学系（大学院担当）
平成 7 年 4 月　同大学教授（ビジネス科学研究科企業法学専攻）

〈著 書〉
企業承継法の研究（1994年、信山社）
中小会社法の研究（1997年、信山社）
手形法・小切手法入門（2001年、信山社）
企業承継法入門（2001年、信山社）
経済法入門（2002年、信山社）

中小会社法入門

2004年(平成 16 年) 4 月 5 日　第 1 版第 1 刷発行
3076-0101

著 者　大 野 正 道
発行者　今 井 貴
発行所　信山社出版株式会社
〒113-0033 東京都文京区本郷 6-2-9-102
電 話 03 (3818) 1019
FAX 03 (3818) 0344

製 作　株式会社 信 山 社

Printed in Japan

印刷・製本／文昇堂・大三製本
ISBN4-7972-3076-2 C3332
3076-0101-120-030
NDC分類325・201

企業法発展論〔商法研究Ⅱ〕　一九四一七円

社債・手形・運送・空法〔商法研究Ⅲ〕　一六〇〇〇円

判例商法（上）―総則・会社―〔商法研究Ⅳ〕　一九四一七円

判例商法（下）〔商法研究Ⅴ〕　一六五〇五円

商法及び信義則の研究　後藤静思 著　六六〇二円

現代企業法の理論と課題
中村一彦先生古稀記念論文集　酒巻俊雄・志村治美 編　一五〇〇〇円

現代企業法の理論
菅原菊志先生古稀記念論文集　庄子良男・平出慶道 編　二〇〇〇〇円